매일 쓰는

Korean Writing for everyday life

한국어 일기
한 조각

시대인

머리말

여러분, 안녕하세요. '한국어 한 조각'입니다.

한국어 한 조각은 외국인에게 한국어를 가르치는 선생님들의 모임이에요. 여러분이 재미있게 한국어를 공부할 수 있도록 유튜브에서 한국어 학습 영상을 만들고 있어요. 그동안 한국어를 유튜브 영상으로 가르치면서 영상으로만 전달하기에 조금 부족하다고 느꼈던 부분이 있었는데 그런 부분을 보완하여 이렇게 책으로도 여러분을 만나게 되어 정말 기쁘네요.

저희의 첫 번째 책인 『사각사각 매일 쓰는 한국어 일기 한 조각』은 한국어를 배우는 외국인들이 가장 어려워하는 한국어 쓰기를 쉽고 재미있게 연습할 수 있도록 만들었어요. 이 책은 여러분이 일상생활에서 겪은 경험과 평소 느낀 생각을 부담 없이 자유롭게 쓸 수 있는 한국어 일기장이에요.

먼저 책을 펼치면 주제와 관련된 글을 읽을 수 있어요. 그리고 주제와 관련된 활동과 질문을 보면서 일기에 쓸 내용을 미리 생각해 볼 수 있어요. 또, 주제마다 중급 수준의 문법이 제시되어 있어서 문법 표현도 익힐 수 있답니다.

한국어 한 조각
이 선생님

그리고 앞에서 나온 질문을 떠올리며 5줄 정도의 짧은 일기를 써 본 후에 한국어 한 조각 선생님의 예시 글도 읽어 보아요. 사실 이 책에서 가장 특별한 점은 바로 이렇게 한국어 한 조각 선생님들이 직접 쓴 글을 읽을 수 있다는 점이에요. 선생님의 예시 글을 읽어 보면서 한국인의 자연스러운 쓰기를 익힐 수 있는 것이지요. 아직 한국어로 자신의 생각을 쓰기가 어렵다면 한국어 한 조각 선생님의 글을 따라 써도 좋아요.

마지막으로 '더 알아보기'와 '마무리'에는 각 주제와 관련된 한국 문화에 대한 글을 읽고 재미있는 활동을 할 수 있어요. 그래서 한국어 쓰기 실력을 키울 수 있을 뿐만 아니라 한국 문화도 폭넓게 알아갈 수 있어요. 모든 학습 내용은 유튜브 '한국어 한 조각' 채널에도 올라가 있으니 영상으로도 반드시 복습해 보세요.

이 책을 통해 여러분이 한국어 쓰기를 더 이상 어려워하지 않고 쓰기에 자신감을 가졌으면 좋겠어요. 한국어 한 조각 선생님들이 여러분을 응원합니다!
파이팅!

한국어 한 조각 올림

한국어 한 조각
현 선생님

조금 더 쉽게 한국어 일기 쓰는 법!

❶
성격

나의 성격은 어때요?

* MBTI: briggs와 Myers가 일상생활에 활용할 수 있도록 만든 16가지 성격 유형 지표

여러분은 성격 유형 검사에 대해 알고 있나요? 한국은 몇 년 전부터 MBTI 검사가 유행하고 있어요. MBTI 검사는 사람의 성격을 16가지로 나눠서 설명하는 검사예요. 여러분은 이 검사를 해 본 적이 있어요? 자신이 생각한 성격과 그 결과가 잘 맞았나요? 오늘은 여러분의 성격에 대해 생각하며 글을 써 봐요.

STEP 1

주제와 글 읽어 보기
주제와 관련된 글을 읽어 보며 일기에 쓸 여러분의 생각을 차분하게 떠올려 보세요.

Reading Topics and Writings
Read the topic and look at the writing related to it, and think calmly about what you're going to write in your diary.

e hugely
oped by
rsonality
e them.
ou think
as you

어때요? **3**

How to write a Korean diary more easily!

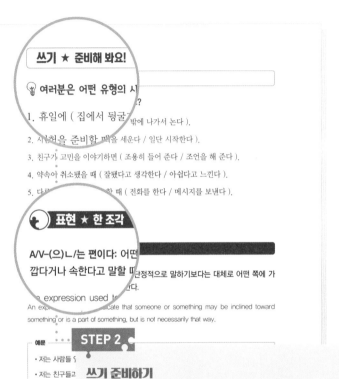

쓰기 ★ 준비해 봐요!

💡 여러분은 어떤 유형의 사   ?

1. 휴일에 (집에서 뒹굴   밖에 나가서 논다).

2. 시험을 준비할 때   을 세운다 / 일단 시작한다).

3. 친구가 고민을 이야기하면 (조용히 들어 준다 / 조언을 해 준다).

4. 약속이 취소됐을 때 (잘됐다고 생각한다 / 아쉽다고 느낀다).

5. 다   할 때 (전화를 한다 / 메시지를 보낸다).

표현 ★ 한 조각

A/V-(으)ㄴ/는 편이다: 어떤
깝다거나 속한다고 말할 때   단정적으로 말하기보다는 대체로 어떤 쪽에 가
                                          다.

n expression used t
An exp   cate that someone or something may be inclined toward
something or is a part of something, but is not necessarily that way.

예문
• 저는 사람들 이
• 저는 친구들고

STEP 2

쓰기 준비하기

'쓰기 준비해 봐요!'에서 주제와 관련된 여러 가지 활동으로 머리를 말랑말랑하
게 만들어 봅시다. 또한 '표현 한 조각'에서 배운 문법은 일기를 쓸 때 활용해
보세요.

Getting Ready to Write

Get your mind working through various activities related to the topic
in the "Getting Ready to Write!" section. And use the grammar points
when writing in your diary from the "Piece of Grammar" section.

조금 더 쉽게 한국어 일기 쓰는 법!

한 줄 쓰기 ★ 두 조각

1. 처음 만난 사람과 쉽게 친해지나요
   Is it easy for you to get close to

   .... u meet for the first time?

   이렇게 써 봐요!

   저는 사람들과 친해질 때까지 시...
   저는 사람...................................리는 편이에요.

2. 휴일에는 친구를 만나러 밖에 나가는 게 좋나요, 집에서 혼자 쉬는 게 좋나요?
   On your days off, do you like going out to meet friends or relaxing alone at home?

   이렇게 써 봐요!

   저는 휴일에 혼자 있기보다 다른 사람들과 시간을 보내기 위해 동호회 활동이나 모임에 자주 나가는 편이에요.

3. 잘못된 일을 보면 적극적으로 나서는 편인가요?

   appen?

STEP 3

경험했던 일 떠올리기

여러분이 경험한 일이나 평소에 했던 생각을 솔직하게 써 봅시다. 최대한 여러분이 경험한 이야기를 쓰는 것이 좋지만 만약 여러분이 경험해 본 적이 없다면 상상을 해 보거나 다른 사람의 이야기를 빌려 오는 것도 좋아요.

Recalling Your Experiences

Before writing in your diary, recall your experiences or thoughts and write openly about them. If you have never experienced what it is about, try imagining it or borrow a story from someone else. But it's best to write stories that you've experienced.

ip or sit

을 세우요

: 에때요? 5

일기 쓰기 ★ 세 조각   DAY 01   월   일

나의 성격은 어때요?

앞의 질문을 떠올리며 써 보세요. 너무 어렵다면 아래에 있는 선생님의 예시 글을 따라 써도 좋아요!

한국어 한 조각 선생님⊟

현 선생님

저는 성격이
만나는 것보다
여행을 가기 전
세워요. 그리고

봤을 때 편이에요. 그래서 휴일에는 보통 밖에서 친구를
가끔 에서 혼자 쉬는 걸 즐겨요. 그리고 계획적인 편이어서
기 전에 미리 숙소와 관광지, 맛집 등을 다 알아보고 계획을
세워요. 그런데 제 성격 중에 고치고 싶은 부분이 있어요. 잘못된 일을
나서지 않고 그냥 넘어갈 때가 많다는 점이에요.

현 선생님

★ 〈부록〉에서 한국어

단어 모아보기

고치다 to fix

STEP 4

한국어 한 조각 선생님의 글 확인하기

한국어 한 조각 선생님들의 예시 글과 여러분이 쓴 일기를 비교해 봅시다. 부족한 내용은 선생님의 예시 글을 읽으며 고쳐도 괜찮아요.

Check the "A Piece of Korean" teacher's Writing

Try comparing your diary entry with an example from "A Piece of Korean" teachers. If something is missing, it's okay to read the example to fix it.

조금 더 쉽게 한국어 일기 쓰는 법!

더 알아보기 ★ 한 조각 더

여행

🔍 한국어 한 조각 선생님들과 떠나는

이 선생님과 동네 골목 투어

여러분은 서울에 오면 어디에서 무엇을 하세요? 서울에는 많이 와 보셨다고요? 있어요? 었다고 생각하시나요? 그렇다면 '단길'에서 유 서울의 골목을 동네 이름을 넣어서 '망리단길'이 했었어요(비슷하게 강남의 '가로수길'에서 유래된 서울대입구역의 '샤로수길'도 있어요!). 크고 화려한 관광지는 아니지만 작은 소품 가게나 이국적인 음식점, 예쁜 카페 등이 줄지어 있어서 요즘 젊은 사람들이 많이 찾는 곳이에요. 한국 사람들 사이에서 소문난 곳, 찐 서울 관광을 원한다면 '망리단길'에도 와 보세요!

현 선생님과 성수동 데이트

서울에 성수동이라는 동네가 있어요. 옛날에는 공장이 모여 있는 곳이었는데 이 오래된 공장과 주택을 음식점과 카페로 리모델링을 하면서 서울에서 가장 감각적인 동네가 되었어요. 그래서 성수동에 가면 옛날 감성과 현대의 감성이 섞여 있는 독특한 분위기를 느낄 수 있어요. 맛집도 많고 분위기 좋은 카페도 많아서 데이트 장소로도 인기가 많아요.

그리고 뉴욕에 센트럴파크가 있다면 서울에는 서울숲이 있어요. 서울숲은 성수동에 위치한 큰 공원인데 피크닉을 즐기기에도 좋고 산책을 하기에도 좋아요. 또 다양한 체험 프로그램도 있어서 볼거리와 놀거리도 많아요. 성수동에 있는 맛집과 분위기 좋은 카페에서 식사를 한 후에 서울숲에서 산책을 하면 이만한 데이트 코스가 없지요?

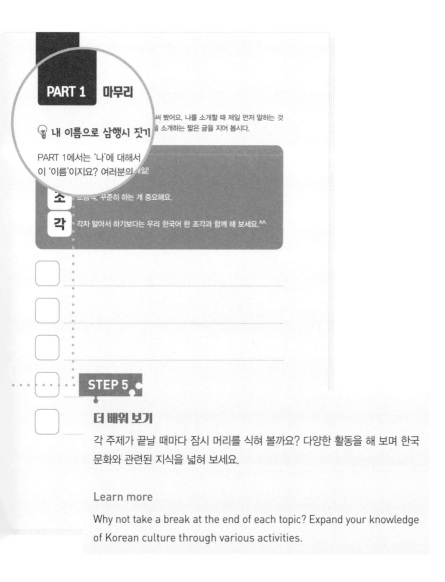

PART 1   마무리

💡 내 이름으로 삼행시 짓기

…써 봤어요. 나를 소개할 때 제일 먼저 말하는 것
…을 소개하는 짧은 글을 지어 봅시다.

PART 1에서는 '나'에 대해서
이 '이름'이지요? 여러분의 …일!

소 …으므로, 꾸준히 하는 게 중요해요.

각 각자 알아서 하기보다는 우리 한국어 한 조각과 함께 해 보세요.^^

STEP 5

더 배워 보기

각 주제가 끝날 때마다 잠시 머리를 식혀 볼까요? 다양한 활동을 해 보며 한국 문화와 관련된 지식을 넓혀 보세요.

Learn more

Why not take a break at the end of each topic? Expand your knowledge of Korean culture through various activities.

차례

Contents

차례   Contents

PART 6
꿈과 미래

PART 7
관계

부록

PART 1

나

❶ 성격

나의 성격은 어때요?

* MBTI: briggs와 Myers가 일상생활에 활용할 수 있도록 만든 16가지 성격 유형 지표

여러분은 성격 유형 검사에 대해 알고 있나요? 한국은 몇 년 전부터 MBTI 검사가 유행하고 있어요. MBTI* 검사는 사람의 성격을 16가지로 나눠서 설명하는 검사예요. 여러분은 이 검사를 해 본 적이 있어요? 자신이 생각한 성격과 그 결과가 잘 맞았나요? 오늘은 여러분의 성격에 대해 생각하며 글을 써 봐요.

Do you know about personality type tests? The MBTI test has become hugely popular in Korea over the past few years. The MBTI test (a test developed by Briggs and Myers that breaks down your everyday habits into 16 personality types) divides people's personalities into 16 categories to describe them. Have you ever taken this test before? Did the results match what you think about your personality? Today, think about your own personality as you write.

💡 여러분은 어떤 유형의 사람이에요?

1. 휴일에 (집에서 뒹굴거린다 / 밖에 나가서 논다).

2. 여행을 갈 때 (계획을 세운다 / 그냥 떠난다).

3. 친구가 고민을 이야기하면 (조용히 들어 준다 / 조언을 해 준다).

4. 약속이 취소됐을 때 (잘됐다고 생각한다 / 아쉽다고 느낀다).

5. 다른 사람에게 연락을 할 때 (전화를 한다 / 메시지를 보낸다).

표현 ★ 한 조각

A/V-(으)ㄴ/는 편이다: 어떤 사실을 단정적으로 말하기보다는 대체로 어떤 쪽에 가깝다거나 속한다고 말할 때 사용한다.

An expression used to indicate that someone or something may be inclined toward something or is a part of something, but is not necessarily that way.

> 예문
> • 저는 사람들 앞에서 좀 소심해지는 편이에요.
> • 저는 친구들과 함께 있을 때 적극적인 편이에요.

1. 처음 만난 사람과 쉽게 친해지나요?
   Is it easy for you to get close to someone you meet for the first time?

   이렇게 써 봐요!

   저는 사람들과 친해질 때까지 시간이 좀 걸리는 편이에요.

2. 휴일에는 친구를 만나러 밖에 나가는 게 좋나요, 집에서 혼자 쉬는 게 좋나요?
   On your days off, do you like going out to meet friends or relaxing alone
   at home?

   이렇게 써 봐요!

   저는 휴일에 혼자 있기보다 다른 사람들과 시간을 보내기 위해 동호회 활동이나 모임에 자주 나가는
   편이에요.

3. 잘못된 일을 보면 적극적으로 나서는 편인가요?
   Are you the type to act decisively when you see something bad happen?

4. 여행, 공부 등 어떤 일을 하기 전에 계획을 먼저 세우나요?
   Do you make plans first before you do something like go on a trip or sit
   down to study etc.?

   이렇게 써 봐요!

   저는 계획적인 편이어서 여행을 가기 전에 미리 숙소와 관광지, 맛집 등을 다 알아보고 계획을 세워요.

 일기 쓰기 ★ 세 조각

✏️ **나의 성격은 어때요?**

앞의 질문을 떠올리며 써 보세요. 너무 어렵다면 아래에 있는 선생님의 예시 글을 따라 써도 좋아요!

✓ **한국어 한 조각 선생님은 이렇게 썼어요.**

현 선생님

저는 성격이 내성적인 편이에요. 그래서 휴일에는 보통 밖에서 친구를 만나는 것보다 집에서 혼자 쉬는 걸 즐겨요. 그리고 계획적인 편이어서 여행을 가기 전에 미리 숙소와 관광지, 맛집 등을 다 알아보고 계획을 세워요. 그런데 제 성격 중에 고치고 싶은 부분이 있어요. 잘못된 일을 봤을 때 적극적으로 나서지 않고 그냥 넘어갈 때가 많다는 점이에요. 가끔은 적극적으로 나설 필요도 있는 것 같아요.

★ 〈부록〉에서 한국어 한 조각 선생님이 쓴 다른 글도 살펴볼까요?

 단어 모아보기

고치다 to fix　나서다 to deal with　넘어가다 to move on

더 알아보기 ★ 한 조각 더

 이런 표현도 있어요!

Q _____ 씨는 어떤 사람이에요?

A 사람 괜찮아요.
→ 인격이나 인품이 좋고 친절한 사람을 말해요.

A 그 사람 고집이 장난 아니야.
→ '고집이 세다'라는 말과 같아요. '고집이 장난(이) 아니다'라는 뜻으로 '고집이 보통이 아니다'라고도 말해요.

A 그 사람 나랑 너무 잘 맞아.
→ 생각과 말이 잘 통하는 사람을 말해요.

A 그 사람 말이 없어. / 말수가 적어. / 말수가 적은 편이야.
→ 내성적이거나 무뚝뚝해서 말을 많이 하지 않는 사람을 말해요.

A 그 사람 너무 단호박이야.
→ 성격이나 말이 단호한 사람을 보고 '단호'박이라고 표현하는 말장난이에요.

• 단호하다: 딱 잘라서 결정하고 엄격한 성격을 말해요.
• 단호박: 호박의 한 종류로 채소예요.

❷
친구

'절친(best friend)'이 있어요?

여러분은 '절친'이라는 말을 들어 본 적 있어요? '절친'은 아주 친한 친구라는 뜻이에요. 흔히들 '베스트 프렌드(best friend)'라고도 해요. 세계적으로 인기를 끈 넷플릭스(Netflix)의 드라마, 오징어 게임(Squid Game)에서 '깐부'라는 표현이나온 적이 있어요. 깐부는 절친처럼 아주 친한 친구를 말해요. 여러분은 절친이있어요? 오늘은 여러분의 '절친(깐부)'에 대해서 글을 써 봐요.

Have you ever heard the word "Jeolchin" before? Jeolchin means a very close friend. Or, what is commonly referred to as a "best friend." "Kkanbu" is an expression that was used in the world-famous Netflix series, *Squid Game*. Kkanbu, like Jeolchin, are words that mean one's closest friends. Who is your bestie? Try writing about your Jeolchin today.

쓰기 ★ 준비해 봐요!

💡 여러분의 '절친'을 생각해 보세요.

1. 나와 (비슷한 / 다른) 성격의 친구예요.

2. (매일 / 자주 / 가끔) 연락하는 친구예요.

3. 그 친구와 함께 여행을 (가 / 안 가) 봤어요.

4. 그 친구의 생일이 언제인지 정확히 (알아요 / 몰라요).

표현 ★ 한 조각

V-(으)ㄴ 적이 있다/없다: 앞의 말이 나타내는 동작이 일어나거나 그런 때나 경험이 있음(또는 없음)을 나타낸다.

An expression used to indicate whether someone has or has not experienced what is being talked about.

> **예문**
> • 남자 친구에게 손 편지를 받은 적이 있어요.
> • 저는 친구와 함께 캠핑을 해 본 적이 없어요.

1. 여러분과 제일 친한 친구는 누구예요?
   Who is your best friend?

   ---

2. 그 친구와 어떻게 친해졌어요?
   How did you become close to each other?

   이렇게 써 봐요!

   고등학교 때 전학을 갔는데 그 친구가 저에게 먼저 말을 걸어 줘서 그때부터 친해졌어요.

3. 그 친구와의 추억은 무엇인가요?
   What are your best memories with them?

   이렇게 써 봐요!

   • 제가 남자 친구와 헤어져서 길에서 울고 있을 때 친구가 저를 데리러 온 적이 있어요.
   • 고등학교 때 친구와 점심시간에 몰래 학교 밖으로 나가서 떡볶이를 사 먹었어요. 그런데 선생님께
   들켜서 혼난 적이 있어요.

4. 그 친구에게 어떤 말을 하고 싶어요?
   If they were here right now, what would you want to say to them?

✎ '절친(best friend)'이 있어요?

앞의 질문을 떠올리며 써 보세요. 너무 어렵다면 아래에 있는 선생님의 예시 글을 따라 써도 좋아요!

(v) 한국어 한 조각 선생님은 이렇게 썼어요.

이 선생님

저의 절친은 대학교 때 사귄 '유리'라는 친구예요. 대학교 OT 때 처음 보고 저와 잘 맞을 것 같다는 느낌이 들었어요. 이 친구와 해외여행도 여러 번 간 적이 있어요. 그리고 한번은 제가 남자 친구와 헤어져서 길에서 울고 있는데, 유리에게 전화를 하니까 바로 데리러 와 줬어요. 너무 고마웠어요. 유리야, 우리 앞으로도 친하게 지내자.

★ 〈부록〉에서 한국어 한 조각 선생님이 쓴 다른 글도 살펴볼까요?

 단어 모아보기

OT an orientation   한번 once   헤어지다 to break up with someone
데리러 오다 to come get

🔍 **우리는 궁합이 잘 맞을까? 친구와 함께 취향 테스트를 해 보세요.**

1. 주로 듣는 음악은?

> 신나는 댄스 / 감성적인 발라드 / 오 예! 힙합 / 우아한 클래식

2. 카페에 가면 주로 마시는 것은?

> 쓰다 써 아메리카노 / 달달한 라떼 / 따뜻한 핫초코 / 커피는 싫어, 차

3. 휴가를 간다면 가고 싶은 곳은?

> 경치 좋은 산 / 시원한 바다 / 화려한 도시 / 여유로운 휴양지

4. 놀이공원에 가서 제일 먼저 하는 것은?

> 회전목마부터 탄다 / 무서운 놀이기구부터 탄다 / 멋진 퍼레이드를 구경한다 /
> 맛있는 간식부터 먹는다

1개~2개 서로를 더 알아 가야겠군요!   3개 그냥…아는 사이?   4개 누가 뭐래도 깐부!

여기서 잠깐! 찰떡궁합?

궁합은 결혼할 남자와 여자가 서로 잘 맞을지 안 맞을지를 생년월일과 태어난 시간을 이용해 점을 보는 거예요. 뿐만 아니라 연인이나 친구 사이에서도 성격이 잘 맞거나 서로 잘 어울릴 때 '궁합이 좋다'고 말해요. 또 그런 사람들 사이에서도 특히 더 잘 맞는 사이는 '찰떡궁합'이라고 불러요. 찰떡은 서로 착! 잘 달라붙기 때문에 사람과 사람도 서로 잘 어울린다고 비유하는 거지요.
여러분은 누구와 찰떡궁합인가요? 오늘은 나와 찰떡궁합이라고 생각되는 친구에게 연락해 봐요.^^

❸
어린 시절

어렸을 때, 나는 어떤 사람이었어요?

여러분의 어린 시절은 어땠어요? 어린 시절에 대한 기억이 생생하게 떠오르나요? 오늘은 여러분의 어린 시절을 떠올려 볼 거예요. 어렸을 때 자주 먹던 음식이나 같이 놀던 친구, 친구들과 자주 하던 놀이, 좋아하던 장난감 등을 지금의 모습과 비교해 봐요. 오늘은 여러분의 추억 속으로 들어가 볼 거예요.

How was your childhood? Do any vivid memories come to mind? Today will be all about the time of your youth. Try to compare what you used to eat, which friends you used to hang out with, what you used to do with those friends, what toys you played with back then, and what you like now. Today we are going to dive into the memories from your childhood.

💡 여러분의 어린 시절을 생각해 보세요.

1. 어렸을 때 (부모님께 많이 혼났다 / 부모님의 말씀을 잘 들었다).

2. (밖에서 친구들과 노는 것 / 집에서 공부하는 것)을 좋아했다.

3. 어렸을 때 가장 좋아하던 놀이는 (   )(이)다.

4. 어렸을 때의 사진을 (아직도 가지고 있다 / 가지고 있지 않다).

표현 ★ 한 조각

A/V-던: 여러 번 또는 한동안 계속된 과거의 일을 다시 떠올림을 나타내거나, 과거의 일이 완료되지 않고 중단되었음을 나타낸다.

An expression used when something that happened in the past is remembered, but has been discontinued.

예문
- 제가 살던 곳은 조용한 시골이었어요.
- 어렸을 때 언니가 입던 옷을 물려받았어요.

1. 어렸을 때, 여러분은 부모님 말을 잘 듣는 편이었나요?
   When you were young did you listen to your parents?

   이렇게 써 봐요!

   저는 어렸을 때 부모님 말씀을 잘 듣지 않던 아이였어요.

2. 어렸을 때, 여러분이 좋아하던 것은 무엇이었나요?
   What were your favorite things when you were young?

   이렇게 써 봐요!

   저는 어렸을 때 동물을 정말 좋아했어요. 길 잃은 강아지나 고양이를 집에 데리고 와서 부모님께서
   많이 난처해하시던 기억이 나요.

3. 어렸을 때와 지금 달라진 점이 뭐예요?
   What is the biggest difference between you then and now?

4. 어릴 적 여러분에게 해 주고 싶은 말은 뭐예요?
   Is there anything that you would like to tell your younger self?

   이렇게 써 봐요!

   실수해도 괜찮으니까 하고 싶은 일은 주저하지 말고 뭐든지 다 해 보라고 말해 주고 싶어요!

 **일기 쓰기 ★ 세 조각**

✏️ **어렸을 때, 나는 어떤 사람이었어요?**

앞의 질문을 떠올리며 써 보세요. 너무 어렵다면 아래에 있는 선생님의 예시 글을 따라 써도 좋아요!

ⓥ **한국어 한 조각 선생님은 이렇게 썼어요.**

현 선생님

저는 어렸을 때 친구들과 시간 보내는 것을 아주 좋아했어요. 같은 동네에 살던 친구들과 놀 때면 시간 가는 줄 몰랐어요. 그래서 공부를 소홀히 할 때도 있었어요. 또 저는 동물을 좋아해서 강아지, 고양이, 새, 병아리 등 안 키워 본 동물이 없을 정도였어요. 지금 생각해 보면 저는 어렸을 때 정말 정이 많았던 것 같아요.

★ 〈부록〉에서 한국어 한 조각 선생님이 쓴 다른 글도 살펴볼까요?

 단어 모아보기

시간 가는 줄 모르다 to lose track of time   소홀하다 to neglect   병아리 a chick
키우다 to raise   정이 많다 to feel affection for

더 알아보기 ★ 한 조각 더

🔍 **-던 vs. -았/었던 제대로 알기**

아래의 두 문장은 비슷해 보이지만 서로 다른 의미를 가지고 있어요. 여러분은 차이가 느껴지나요?

내가 살던 집 vs. 내가 살았던 집

해설

→ '-던'은 '중단된 일, 자주 한 일'을 떠올리면서 말하는 뉘앙스가 있어요. 그래서 '내가 살던 집'은 과거의 추억을 말하는 느낌이 나요.

→ '-았/었던'은 '완전히 끝난 일'을 떠올리면서 지금과 완전히 관계가 끊겼다고 말하는 뉘앙스가 있어요. 그래서 '내가 살았던 집'은 과거에 살았지만 이제는 다른 곳에 산다는 것을 강조할 수 있어요.

결혼식을 하던 곳 vs. 결혼식을 했던 곳

'-던'이 중단된 일이나 자주 한 일이라고 했지요? 그럼 결혼식을 '하던' 곳은 어떤 의미일까요? '결혼식을 하던 곳'은 결혼식을 하다가 중간에 멈췄거나 그 곳에서 결혼식을 자주 했다는 의미예요. 반면 결혼식을 '했던' 곳은 어떨까요? '결혼식을 했던 곳'은 과거에 결혼식이 완전히 끝났다는 것을 강조하는 의미예요.
이렇게 '-던'과 '-았/었던'을 잘못 사용하면 난감한 상황이 발생할 수도 있으니 조심하세요!

❹
사건

내 인생에서 잊지 못할 사건이 있어요?

여러분이 주인공인 드라마나 영화를 생각해 본 적이 있어요? 여러분이 이야기를 만든다면 가장 행복했던 일이나 아주 슬펐던 일, 큰일 날 뻔했던 일 등 여러 일 중에 어떤 사건을 넣어 만들고 싶어요? 가고 싶었던 대학교에 합격한 일이나 중요한 시험을 망친 일, 첫사랑을 길에서 다시 만난 일, 첫 해외여행에서 있었던 일, 운전면허증을 딴 일 등 여러분 인생에서 잊지 못할 사건을 떠올려 봐요.

Have you ever thought about what a drama or movie would look where you are the main character? What would be the happy and sad parts; the tragedies and everyday things; what would you want to include to tell your story? Think back on the unforgettable milestones in your life, like the day that you got into college; the day you failed an important test; ran into your first love again; the first time you left the country; or the day you got your driver's license.

쓰기 ★ 준비해 봐요!

💡 여러분에게 어떤 일이 있었어요?

1. 물에 빠진 적이 (있다 / 없다).

2. 여행지에서 물건을 잃어버린 적이 (있다 / 없다).

3. 남자 친구/여자 친구와 헤어지고 매달린 적이 (있다 / 없다).

4. 복권에 당첨된 적이 (있다 / 없다).

5. 직업이나 직장을 바꿔 본 적이 (있다 / 없다).

표현 ★ 한 조각

V-고 말다: 앞의 일이 결국 일어났음을 나타낸다.

An expression used to indicate that whatever happened is but did, in fact, occur.

┌─ 예문 ─
• 아끼던 지갑을 여행지에서 잃어버리고 말았어요.

• 그 사람을 처음 봤을 때 사랑에 빠지고 말았어요.

한 줄 쓰기 ★ 두 조각

1. 잊지 못할 사건 1, 2, 3위를 꼽아 봅시다.

   Pick the top one, two, and three most unforgettable events in your life.

이렇게 써 봐요!

5살, 물에 빠졌다.
18살, 영어 글쓰기 대회에서 상을 받았다.
30살, 대학원에 합격했다.

2. (그중 하나) 어떤 일이 있었어요?

   (Choose one) What happened?

이렇게 써 봐요!

대학교 때 혼자 유럽으로 배낭여행을 떠났어요. 그때 가방을 기차에 놓고 내리는 바람에 여권과 지갑을 모두 잃어버리고 말았어요.

3. 그때 기분이 어땠어요?

   How did it make you feel?

---

4. 그때 여러분을 도와준 사람이 있어요?

   Was anyone there to help you through it?

 **일기 쓰기 ★ 세 조각**

✏️ **내 인생에서 잊지 못할 사건이 있어요?**

앞의 질문을 떠올리며 써 보세요. 너무 어렵다면 아래에 있는 선생님의 예시 글을 따라 써도 좋아요!

👩‍🏫 **한국어 한 조각 선생님은 이렇게 썼어요.**

이 선생님

어느 날, 회사에서 일을 하고 있었는데 갑자기 모르는 번호로 전화가 왔어요. 당연히 일에 대한 전화라고 생각했는데 대학원에 합격했다는 전화였어요. 깜짝 놀라서 사무실에서 소리를 지르고 말았어요. 전화를 끊고 나서도 이게 진짜인가 싶어서 얼떨떨했어요. '앞으로 어떻게 하지? 일하면서 다닐 수 있을까?' 걱정도 되고 가슴이 두근거리고 설레서 일에 집중할 수 없었어요.

★ 〈부록〉에서 한국어 한 조각 선생님이 쓴 다른 글도 살펴볼까요?

 단어 모아보기

깜짝 놀라다 to be surprised   **소리를 지르다** to yell   **얼떨떨하다** bewildered
두근거리다 to feel one's heart pounding in their chest   **집중하다** to concentrate

더 알아보기 ★ 한 조각 더

🔍 **인생 그래프(인생 곡선)를 그려요.**

인생 그래프(인생 곡선)란 여러분의 모습을 과거, 현재, 미래로 나누어 나타낸 그래프를 말해요. 과거 부분에서는 살아온 인생을 돌아보고, 미래 부분에서는 앞으로 살아갈 인생을 생각하면서 그래프를 그려 봐요.

과거에 부정적이거나 힘든 경험이 있었다면 수평선(0)보다 아래에 점을 그리고, 과거에 긍정적이거나 행복한 경험이 있었다면 수평선(0)보다 위에 점을 그려 보세요. 나이별로 표시한 점을 이어서 선으로 연결하면 하나의 그래프가 완성돼요. 이 그래프를 보면서 여러분의 인생에 대해 이야기해 봐요.

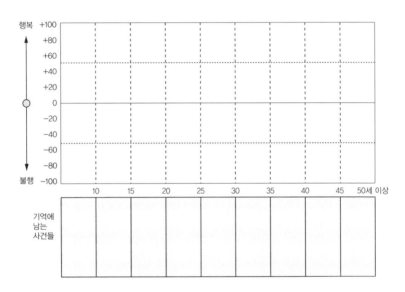

💡 내 이름으로 삼행시 짓기

PART 1에서는 '나'에 대해서 생각하고 글을 써 봤어요. 나를 소개할 때 제일 먼저 말하는 것이 '이름'이지요? 여러분의 이름으로 여러분을 소개하는 짧은 글을 지어 봅시다.

한	한국어 공부는 매일매일!
조	조금씩, 꾸준히 하는 게 중요해요.
각	각자 알아서 하기보다는 우리 한국어 한 조각과 함께 해 보세요.^^

PART 2

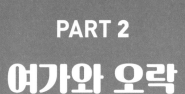

여가와 오락

❶
휴일

일요일 오후를 어떻게 보내요?

정신없는 일주일을 보내고 드디어 주말이 왔어요! 여러분은 이 달콤한 휴일을 어떻게 보내나요? 집에서 휴식을 취하며 에너지를 충전하나요? 사랑하는 사람과 데이트를 하나요? 아니면 가족이나 친구들을 만나서 함께 휴일을 즐기나요? 오늘은 휴일을 행복하게 보내는 방법에 대해서 글을 써 봐요.

After a crazy week, it's finally the weekend! How do you like to spend your precious days off? Do you try to recuperate at home? Or go out on a date with someone you love? Or perhaps you enjoy your days off with family or friends? Today write about the ways you try to spend a happy day off.

💡 여러분이 휴일을 보내는 방법 중 가장 좋아하는 것을 체크해 보세요.

1. 밀린 잠을 자며 휴식을 가진다. ☐

2. 영화, 전시회, 공연 관람 등 밖에서 문화생활을 즐긴다. ☐

3. 사람들을 만나며 관계를 쌓는다. ☐

4. 가까운 곳으로 여행을 간다. ☐

5. 책을 읽거나 TV를 보면서 혼자만의 시간을 가진다. ☐

표현 ★ 한 조각

V-곤 하다: 같은 상황이 반복됨을 나타낸다.

An expression used to indicate that the same situation has and will repeat itself or is something that is routine.

┌─ 예문 ─
• 저는 식사 후에 커피를 마시곤 해요.

• 저는 방학 때마다 할머니 댁에 가곤 해요.
└

1. 휴일에 주로 누구와 시간을 보내요?
   Who do you usually spend time with on your days off?

   ....

2. 휴일에 자주 가는 곳이 있어요?
   Is there a place that you often go to on your days off?

   ....

   이렇게 써 봐요!

   저는 집 앞에 있는 북 카페(book cafe)에 가거나 근처 공원에 가곤 해요.

3. 휴일에 꼭 하는 일이 있어요?
   Is there something you always do on your days off, no matter what?

   ....

   이렇게 써 봐요!

   저는 휴일에 밀린 빨래, 청소, 설거지 등 집안일을 하곤 해요.

4. 일요일 오후를 행복하게 보내는 나만의 방법을 알려 주세요.
   Write about how you would spend the perfect Sunday afternoon.

   ....

   이렇게 써 봐요!

   늦잠을 자고 일어나서 노래를 들으면서 커피 한잔을 마실 때 정말 행복해요!

일요일 오후를 어떻게 보내요?

앞의 질문을 떠올리며 써 보세요. 너무 어렵다면 아래에 있는 선생님의 예시 글을 따라 써도 좋아요!

한국어 한 조각 선생님은 이렇게 썼어요.

현 선생님

저는 주말 중 일요일 오후는 보통 집에서 보내는 편이에요. 왜냐하면 일요일 오후를 충분히 쉬어야 다음 일주일을 잘 보낼 수 있기 때문이에요. 일요일 오후에는 집에서 좋아하는 음악을 들으면서 책을 읽는 것을 정말 좋아해요. 또 친구들이 어떻게 지내는지 연락해 안부를 묻기도 하고, 모임이나 약속도 잡곤 해요. 저는 이렇게 게으름을 부릴 수 있는 일요일이 정말 좋아요!

★ 〈부록〉에서 한국어 한 조각 선생님이 쓴 다른 글도 살펴볼까요?

단어 모아보기

충분히 enough　안부를 묻다 to ask about　약속을 잡다 to make plans
게으름을 부리다 to laze around

더 알아보기 ★ 한 조각 더

 한국 사람들은 이렇게 대답했어요!

한국 사람들은 휴일을 어떻게 보내요? 또는 한국 사람들이 휴일에 가장 많이 하는 일은 뭐예요?

40대/남자/자영업

"제 취미가 피아노 치기라서
보통 휴일에는 피아노를 치거나 책을 읽어요."

"경치가 좋은 곳으로 가족들과 캠핑을 하러 가요."

30대/여자/공무원

30대/남자/직장인

"TV를 틀어 놓고 낮잠을 자요."

"보통 밖에서 친구를 만나는데 남들이 잘 모르는 새로운 곳에
가 봐요. 목적지 없이 길을 걸으며 숨겨진 장소들을 찾는 재미
가 있어요."

20대/남자/대학생

10대/여자/고등학생

"가족들이랑 여행을 가거나 동생이랑 놀아요."

❷
취미

취미가 뭐예요?

여러분은 시간이 있을 때 보통 무엇을 하나요? 매일 쳇바퀴처럼 도는 일상이 지겹지 않나요? 그럴 때는 취미 활동을 해 봐요! 독서, 산책, 영화 감상 등 쉽게 할수 있는 활동부터 스포츠, 꽃꽂이, 물건 수집 등 특별하게 할 수 있는 활동까지…. 여러분은 어떤 취미 활동을 해 봤어요? 다른 사람에게 추천하고 싶은 취미 활동이 있어요? 오늘은 여러분의 취미 활동에 대해서 생각해 봐요.

What do you do when you have time for yourself? Ever feel like life is just like running around one big hamster wheel? Then a new hobby may be the answer for you! From simple activities like reading, taking walks, or watching movies to more special things like extreme sports, flower arrangement, and collecting things…. What hobbies have you tried? Are there any you would recommend to others? Try thinking about your hobby activities.

쓰기 ★ 준비해 봐요!

💡 지금까지 해 본 취미 활동에 모두 체크해 보세요.

사진 찍기	☐	외국어 배우기	☐	악기 연주	☐
운동(스포츠)	☐	그림 그리기	☐	춤	☐
등산	☐	요리	☐	영화 보기	☐
독서	☐	캠핑	☐	음악 감상	☐
여행	☐	자원봉사	☐	낚시	☐

표현 ★ 한 조각

A/V-(으)ㄹ 때마다: 어떤 행동이나 상황이 일어나는 동안이나 그 시기 또는 그러한 일이 일어나는 모든 경우를 말할 때 사용한다.

An expression used to indicate that what is being said applies to every single time and case that it occurs.

예문
- 저는 시험을 볼 때마다 긴장을 해요.
- 저는 시간이 있을 때마다 책을 읽어요.

---

1. 요즘 즐겨하는 취미 활동이 뭐예요?
   What is your favorite hobby these days?

   ....

2. 그 취미 활동을 왜 좋아해요?
   What do you like about it?

   ....

   이렇게 써 봐요!

   (요리) **우울할 때마다** 맛있는 음식을 만들어서 먹으면 기분이 나아지고, 힘도 나요.

3. 어떤 사람에게 그 취미 활동을 추천하고 싶어요?
   What kind of person would you recommend to try it?

   ....

   이렇게 써 봐요!

   (캠핑) 스트레스를 풀고 싶은 사람에게 조용히 자연을 즐길 수 있는 캠핑을 추천하고 싶어요.

4. 나중에 해 보고 싶은 취미 활동이 있어요?
   Are there any other hobbies that you want to try someday?

   ....

   이렇게 써 봐요!

   (악기) 우쿨렐레를 배워 보고 싶어서 악기를 샀는데 손가락이 아파서 금방 그만둔 적이 있어요. 그래서 새로운 악기를 다시 배워 보고 싶어요.

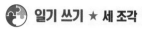
✏️ 취미가 뭐예요?

앞의 질문을 떠올리며 써 보세요. 너무 어렵다면 아래에 있는 선생님의 예시 글을 따라 써도 좋아요!

🅥 한국어 한 조각 선생님은 이렇게 썼어요.

이 선생님

제 취미는 독서예요. 예전에는 시간이 **있을 때마다** 책을 읽었어요. 그런데 한동안 책을 멀리했던 적이 있었어요. 그러다가 작년에 동생이 책을 한 권 추천해 줘서 읽었는데 너무 좋아서 그 후로 일주일에 한 권씩은 꼭 책을 읽으려고 하고 있어요. 책을 읽으면 현실은 잠시 잊은 채, 책 속 주인공과 등장인물을 만날 수 있어요. 그러면 기분 전환도 돼요. 다음에는 악기 연주에도 도전해 보고 싶어요.

★ 〈부록〉에서 한국어 한 조각 선생님이 쓴 다른 글도 살펴볼까요?

 단어 모아보기

한동안 for a set period of time　현실 reality　주인공 the protagonist　등장인물 a character

더 알아보기 ★ 한 조각 더

 이런 취미도 생겼어요!

최근 1인 가구의 증가와 코로나19의 영향으로 한국 사람들은 '집 꾸미기'에 관심을 가지기 시작했어요. 그리고 집 꾸미기 외에도 한국에서 새롭게 인기를 끌고 있는 다양한 취미 활동이 있는데 함께 알아봐요.

1. 언택트 클래스(Untact class)
   온라인 취미 클래스 플랫폼에서 뜨개질, 그림, 요리 등의 일반적인 활동부터 폴댄스, 타로, 마술 등의 독특한 활동까지 다양한 종류의 취미 활동을 온라인으로 배울 수 있게 되었어요. 오프라인보다 시간과 비용을 많이 들이지 않고 배울 수 있어 인기가 많아요. 여러분도 언택트 클래스로 그동안 해 보고 싶었던 취미 활동을 배워 보는 건 어때요?

2. 랜선여행(Lan선여행)
   단돈 1만 원으로 영국 미술관 여행을 떠날 수 있어요! 한 여행 플랫폼에서는 세계 각국의 여행 가이드들이 직접 찍은 영상과 사진을 보여 주면서 여행지를 소개해 줘요. 집에서 떠날 수 있는 해외여행, 너무 매력적이지 않나요?

3. 인테리어 디자인(interior design)
   코로나19로 집에서 일을 하거나 지내는 시간이 많아졌어요. 그래서 사람들이 자연스럽게 인테리어 디자인에 관심을 가지기 시작했어요. 가장 많은 시간을 보내는 집을 자신의 취향에 맞게 꾸미는 거죠. 참고로 어느 라이프스타일 앱에는 '온라인 집들이'라는 카테고리가 있는데요. 여기서는 오피스 룸으로 꾸민 집부터 요즘 유행하는 스타일의 집까지 다른 사람들의 집을 볼 수 있고, 그 집의 인테리어에 사용된 제품을 구매할 수도 있어요. 이제는 온라인으로 집들이를 하는 세상이 된 거예요. 우리도 집을 멋지게 꾸며 볼까요?

❸
휴가

100만 원과 하루의 휴가가 주어진다면
뭘 하고 싶어요?

멋진 풍경에서 자연을 만끽하며 맛있는 음식을 마음껏 먹는 상상을 해 본 적 있나요? 누구나 꿈꾸는 휴가의 모습이죠. 이런 꿈같은 휴가를 보내고 싶은데 어떨 때는 돈이 없고, 또 어떨 때는 시간이 없기도 하죠. 하지만 여러분에게 돈과 시간이 모두 주어진다면 무엇을 하고 싶어요? 오늘은 휴가에 대해서 상상해 보고 글로 써 봐요.

Have you ever been immersed in nature, eating all the best foods to your heart's content? Everyone fantasizes about this kind of dream vacation. You want to go on your dream vacation, but sometimes you don't have enough money or enough time. But, what would you do if you had all the money and time in the world? Today, try to imagine and write about vacations.

쓰기 ★ 준비해 봐요!

💡 시간이 없다는 핑계는 그만! 해 보고 싶은 일을 모두 써 보세요.

예 해변에 누워 칵테일 마시기 / 집에서 드라마 정주행하기 / 스카이다이빙하기

1. ....

2. ....

3. ....

4. ....

5. ....

🌐 표현 ★ 한 조각

A/V-거든(요): 앞의 내용에 대해 말하는 사람이 생각한 이유나 원인, 근거를 나타낸다.

An expression used to indicate the speaker's reasoning or basis for what they are talking about for the preceding content.

┌─ **예문** ───
│ • 오늘은 학교에 일찍 가야 돼요. 시험이 <u>있거든요</u>.
│ • 밤에는 커피를 못 마셔요. 커피를 마시면 잠을 <u>못 자거든요</u>.
└──

1. 너무 바빠서 해 보고 싶었지만 못 해 본 일이 있어요?

   Is there something you wanted to do but couldn't because you were busy?

   ....

2. 돈이 많으면 해 보고 싶은 일이 있어요?

   Is there something you would want to do if you had a lot of money?

   ....

   이렇게 써 봐요!

   돈이 많으면 크루즈를 타고 세계여행을 해 보고 싶어요.

3. 충분한 돈과 시간이 있다면 어디에 가고 싶어요?

   Where would you go if you had enough money and time?

   ....

   이렇게 써 봐요!

   제주도에 가고 싶어요. 제주도는 평화롭고 경치가 정말 아름답거든요.

4. 거기에서 무엇을 하고 싶어요?

   What would you want to do there?

   ....

   이렇게 써 봐요!

   아름다운 경치를 보면서 수영도 하고, 산책도 하고, 책도 읽으면서 조용히 여유로운 시간을 보내고 싶어요.

✏️ **100만 원과 하루의 휴가가 주어진다면 뭘 하고 싶어요?**

앞의 질문을 떠올리며 써 보세요. 너무 어렵다면 아래에 있는 선생님의 예시 글을 따라 써도 좋아요!

ⓥ **한국어 한 조각 선생님은 이렇게 썼어요.**

현 선생님

저에게 100만 원과 하루의 휴가가 주어진다면 저는 제주도에서 하루를 보내고 싶어요. 제주도는 평화롭고 경치가 정말 **아름답거든요**. 아름다운 경치를 보면서 수영도 하고, 산책도 하고, 책도 읽으면서 조용히 여유로운 시간을 보내고 싶어요.

★ 〈부록〉에서 한국어 한 조각 선생님이 쓴 다른 글도 살펴볼까요?

 단어 모아보기

주어지다 to be given   평화롭다 peaceful   여유롭다 relaxed, leisurely

시간을 보내다 to take a vacation

더 알아보기 ★ 한 조각 더

 한국 사람들이 휴가를 보내는 방법

요즘 한국에서는 멀리 여행을 가지 않아도 쉴 수 있는 휴가 방법이 유행을 하고 있어요. 바로 '호캉스'인데요! 호캉스는 '호'텔과 '바'캉스'가 합쳐진 말로 호텔에서 휴식을 취하는 것을 말해요. 이처럼 요즘은 멀리 떠나지 않고도 휴가를 보내는 방법이 점차 다양해지고 있는데 어떤 휴가들이 더 있는지 함께 알아봐요.

1. 호캉스: '호'텔(hotel)과 '바'캉스'(vacance)가 합쳐진 말로 호텔에서 휴식을 취하며 쉬는 것을 말해요. 멀리 떠나지 않아도 푹 쉴 수 있어서 요즘은 호캉스를 많이 가요.

2. 홈캉스(스테이케이션): '홈'(집, home)과 '바'캉스'(vacance)가 합쳐진 말로 집에서 휴식을 취하는 것을 말해요. 밖에 나가지 않고 집에서 드라마나 영화를 보거나 맛있는 음식을 먹거나 새로운 취미 활동을 할 수도 있어요.

3. 펫캉스: '펫'(반려동물, pet)과 '바'캉스'(vacance)를 즐기는 것을 말해요. 요즘은 반려동물과 함께 갈 수 있는 펜션, 호텔, 리조트 등이 늘어나고 있어요.

4. 차박: '차'를 이용해서 '숙'박'을 한다는 의미로 텐트를 사용하지 않고 차에서 캠핑하는 것을 말해요. 언제 어디에서든지 원하는 장소에서 숙박을 할 수 있다는 장점이 있어요.

❹
드라마

내가 생각하는 최고의 드라마는 뭐예요?

오징어 게임, 사랑의 불시착, 도깨비 등 많은 K-drama(한국 드라마)가 전 세계를 떠들썩하게 만들었어요! 여러분은 드라마를 자주 보나요? 어떤 종류의 드라마를 좋아해요? 사랑 이야기, 가족 이야기, 역사 이야기, 범죄 이야기…. 지금까지 본 드라마 중에서 최고라고 생각하는 드라마가 있어요? 오늘은 여러분이 재미있게 본 드라마를 떠올려 봐요.

Korean dramas like *Squid Game*, *Crash Landing On You*, and *Guardian* (aka *Goblin*) have taken the world by storm! Do you watch dramas often? What kind of drama is your favorite? Romance, family dramas, historical dramas, and crime stories are a few…. Do you have a drama that you think is the best? Today, think about the dramas that you had fun watching.

💡 여러분이 본 드라마 중 가장 기억에 남는 드라마 제목을 써 보세요.

📺 별에서 온 그대 / 도깨비 / 킹덤 / 이상한 변호사 우영우

1. ....

2. ....

3. ....

🌏 표현 ★ 한 조각

N1(이)라는 N2: 들은 사실을 인용하여 전달하면서 그 뒤에 오는 명사(N2)를 설명할 때 사용한다.

An expression used to quote something someone has said, while modifying the noun that comes after it.

예문
- '오징어 게임'이라는 드라마가 요즘 인기예요.
- '박보검'이라는 배우를 실제로 봤는데 정말 멋있었어요.
---

1. 어떤 장르의 드라마를 좋아해요?

   What kinds of dramas do you like?

   ....

2. 가장 최고라고 생각하는 드라마가 뭐예요?

   Which drama do you think is the best?

   ....

   이렇게 써 봐요!

   저는 '도깨비'라는 드라마가 최고라고 생각해요.

3. 왜 그 드라마가 최고라고 생각해요?

   What makes it the best?

   ....

   이렇게 써 봐요!

   감정을 못 느끼는 주인공이 주변 사람들과 어울리면서 변하는 모습이 감동적이었어요.

4. 결말을 바꾸고 싶은 드라마가 있어요?

   Is there any drama that you wish you could change the ending of?

   ....

   이렇게 써 봐요!

   네, 있어요. 어떤 드라마의 마지막회에서 주인공이 죽는데 만약 제가 작가라면 주인공이 살아서 성공하는 이야기로 바꿀 거예요.

 일기 쓰기 ★ 세 조각

✎ 내가 생각하는 최고의 드라마는 뭐예요?

앞의 질문을 떠올리며 써 보세요. 너무 어렵다면 아래에 있는 선생님의 예시 글을 따라 써도 좋아요!

⌇ ⌇ ⌇ ⌇ ⌇ ⌇ ⌇ ⌇ ⌇ ⌇ ⌇ ⌇

ⓥ 한국어 한 조각 선생님은 이렇게 썼어요.

이 선생님

저는 미스터리 드라마나 추리 드라마를 좋아해요. 이게 뭘까? 저게 뭘까? 뒤의 내용이 궁금하도록 진행되는 이야기가 좋아요. 제가 몇 번이고 다시 본 드라마는 '비밀의 숲'이라는 드라마예요. 감정을 못 느끼는 주인공이 사건을 해결하는 동안 주변 사람들과 어울리며 점점 변해가는 모습이 인상적이었어요. 솔직히 조금 무섭기는 하지만 마지막까지 긴장의 끈을 놓을 수 없어요. (시즌 2도 있는데 그것도 재미있답니다. ^^)

★ 〈부록〉에서 한국어 한 조각 선생님이 쓴 다른 글도 살펴볼까요?

 단어 모아보기

진행되다 to keep going   사건 an incident
긴장의 끈을 놓을 수 없다 to keep one hanging at edge of their seat

더 알아보기 ★ 한 조각 더

🔍 드라마와 관련된 표현 알아보기

요즘 한국 드라마의 인기가 엄청나요! 여러분이 좋아하는 드라마에 대해서 한국어로 이야기할 수 있나요? 드라마와 관련된 표현들을 자세히 알아봐요.

1. 자막이 있다/없다

   예 저는 **자막 없이** 한국 드라마를 보면서 한국어 연습을 하고 있어요.

2. 명대사

   예 드라마 〈상속자들〉에서 "나, 너 좋아하냐?"라는 **명대사**가 나왔어요.

3. 예고편

   예 내년에 새로 방영될 그 드라마는 **예고편**만 봐도 어떤 내용일지 기대돼요.

4. 마지막회(최종회)

   예 다음 주가 **마지막회**라니! 너무 아쉬워요.

5. 정주행하다

   예 이 드라마는 **정주행**을 하려면 6시간이 걸려요.

6. 시즌제

   예 요즘 한국에서는 **시즌제** 드라마와 예능 프로그램이 많이 나오고 있어요.

7. 막장 드라마

   예 대부분의 **막장 드라마**에서는 누군가가 죽거나 기억을 잃어요.

드라마와 관련된 표현을 사용하여 문장을 만들어 보세요.

❺
영화

영화 속으로 들어갈 수 있다면 얼마나 좋을까요?

정의를 위해 악당과 싸우다가 목숨을 잃는 주인공, 성공에 눈이 멀어 사랑하는 남자를 배신하는 여자 주인공, 돈과 사랑 중 사랑을 선택하는 주인공 등 영화에는 다양한 등장인물과 선택의 순간들이 있어요. 만약 여러분이 이 영화 속의 주인공이 될 수 있다면 어떤 선택을 하고 싶어요? 오늘은 영화 속 이야기에 대해 상상해 봐요.

A hero dying in the name of justice in their fight against evil; a heroine blinded by success who betrays the man she loves; a protagonist that chooses true love over financial gain; the diverse characters in movies are often faced with making decisions. If you were the main character of a movie, what kind of choices would you have to make? Today, try to imagine that you are in a movie.

💡 만약 여러분이 영화를 만든다면 어떤 영화를 만들고 싶어요?

1. (액션 가득 히어로 영화 / 두근두근 로맨스 영화)

2. (갈등과 다툼이 많아서 흥미진진한 이야기 / 잔잔한 힐링 이야기)

3. (우리나라 배경 / 외국 배경)

4. (새드엔딩 / 해피엔딩)

5. (전체관람가 / 청소년관람불가)

🧑 표현 ★ 한 조각

A-다면, V-ㄴ/는다면: 어떠한 사실이나 상황을 가정하는 뜻을 나타낸다.

An expression used to postulate or raise a hypothetical around a certain situation or fact.

예문
- 다시 <u>태어난다면</u> 남자로 태어나고 싶어요.
- 타임머신이 <u>있다면</u> 10년 전으로 돌아가고 싶어요.
---

1. 만약 영화 속으로 들어갈 수 있다면 어떤 영화에 들어가 보고 싶어요?
   If you could put yourself in any movie, which one would it be?

2. 왜 그 영화를 선택했어요?
   Why would you choose that movie?

   이렇게 써 봐요!

   (어바웃타임) 옷장에 들어가면 자신의 과거 중에서 원하는 시간으로 되돌아갈 수 있는데 저도 그런
   능력을 가지고 싶어서 선택했어요.

3. 그 영화 속에서 누가(어떤 역할이) 되고 싶어요?
   Who (or what role) would you want to play?

   이렇게 써 봐요!

   (부산행) 부산행 열차에 탄 시민이 되어 보고 싶어요.

4. 그 영화 속에서 무엇을 해 보고 싶어요?
   What do you want to do in the movie?

   이렇게 써 봐요!

   (어바웃타임) 제가 '어바웃타임'의 남자 주인공이 된다면 3년 전으로 돌아가 보고 싶어요.

✏️ **영화 속으로 들어갈 수 있다면 얼마나 좋을까요?**

앞의 질문을 떠올리며 써 보세요. 너무 어렵다면 아래에 있는 선생님의 예시 글을 따라 써도 좋아요!

Ⓥ **한국어 한 조각 선생님은 이렇게 썼어요.**

현 선생님

영화 속으로 들어갈 수 있다면 저는 영화 '라라랜드(La La Land)'의 여자 주인공인 미아가 돼 보고 싶어요. 실제 영화에서 미아는 현실의 벽에 부딪쳐 꿈과 사랑 중 꿈을 선택하고 남자 주인공과 헤어지게 돼요. 그러나 저는 꿈보다 사랑이 더 중요하다고 생각하기 때문에 제가 미아라면 사랑을 선택할 것 같아요. 사랑을 선택한다면 현재의 꿈은 포기해야 겠지만 사랑하는 사람과 함께 또 다른 꿈을 꿀 수 있지 않을까요?

★ 〈부록〉에서 한국어 한 조각 선생님이 쓴 다른 글도 살펴볼까요?

 단어 모아보기

벽 an obstacle　부딪치다 to run into　포기하다 to give up　꿈을 꾸다 to dream

🔍 영화 장르 알아보기

영화에는 다양한 장르가 있어요. 어떤 장르의 영화가 있고 또 그 장르를 한국어로 어떻게 말할까요? 영화의 장르에 대해 같이 알아봐요.

 1. 멜로(로맨스): 사랑을 주제로 한 장르예요. 주로 연인 간의 사랑 이야기를 담은 영화예요.

 2. 코미디: 유머(Humor)에 중점을 둔 영화예요. 관객들을 즐겁게 해 줘요. 상황, 말, 행동을 실제보다 더 과장해서 재미있게 보여 주는 영화예요.

 3. 로맨틱 코미디(로코): 로맨스 영화와 코미디 영화를 섞은 장르예요. 사랑 이야기를 재미있게 풀어낸 영화예요.

🔫 4. 액션: 등장인물들이 몸을 움직이거나 싸우는 장면이 많이 나와요. 보통 나쁜 역할의 인물(악당)이 등장하고, 주인공이 악당과 싸워 사건을 해결하는 이야기가 많아요.

🔪 5. 스릴러: 사람을 죽이거나 사람을 다치게 만들어 긴장감을 느끼게 만드는 영화예요.

🛸 6. 공상과학(SF): 과학적 상상력으로 우주 또는 미래와 관련된 이야기를 하는 영화예요. 보통 미래를 배경으로 진행되는 이야기가 많아요.

👻 7. 공포: 귀신이나 유령 등이 나와서 무섭고 두려운 느낌이 들게 만드는 영화예요.

🪄 8. 판타지: 현실에 존재하지 않거나 일어날 수 없는 사건이 나오는 영화예요.

🐧 9. 애니메이션: 실제 사람이 아니라 그림이나 인형이 등장인물로 나오는 영화예요.

🔗 10. 범죄: 범죄를 소재로 한 장르예요. 범죄자가 나오고 그와 관련된 사건을 담은 영화예요.

영화, 드라마 명대사 Top 3

한때 인기를 끌었던 한국 영화와 드라마의 명대사를 같이 알아봐요!

1. 드라마 〈도깨비〉 (2016)

"너와 함께한 모든 시간이 눈부셨다. 날이 좋아서, 날이 좋지 않아서, 날이 적당해서, 모든 날이 좋았다."

남자 주인공이 여자 주인공을 아름다운 메밀꽃 밭으로 데려가 유언처럼 남긴 대사예요. 이 대사가 많은 사람에게 감동을 줬어요. 날이 좋을 때도, 날이 좋지 않을 때에도 여자 주인공과 함께한 모든 시간들이 좋았다는 의미죠. 이 대사가 유명해진 이후로 사람들은 좋은 시간을 보냈을 때 이 명대사를 사용해서 "모든 날이 좋았다."라고 표현하기도 해요.

2. 드라마 〈태양의 후예〉 (2016)

"이게 아니지 말입니다.", "전 남자답지 않지 말입니다."

"지 말입니다? 선생님, 이건 무슨 문법이에요?" 학생들한테 정말 많이 받은 질문 중 하나예요. '다, 나, 까'는 말을 끝낼 때 '다, 나, 까'를 이용해서 상대방에게 격식을 갖추는 거예요. 보통 군대에서 사용돼요. 그러나 태양의 후예가 인기를 끌면서 이 표현이 일반 사람들 사이에서도 유행했어요. '다, 나, 까' 표현이 여러분에게는 생소하죠? 한국어 표현, 참 재미있지 말입니다. ^^

3. 영화 〈기생충〉 (2019)

"너는 다 계획이 있구나?"

영화 속에서 아버지가 말도 안 되는 아들의 사기 계획에 대해 감탄하면서 이 말을 했어요. 이 대사는 관객들의 웃음을 자아내고 큰 유행을 일으키며 계획과 관련된 여러 광고나 TV · 기사에 사용됐어요. 또 의도와 상관없이 우연히 좋은 결과를 얻었을 때 "다 계획이 있었구나?"라며 장난스럽게 말하기도 해요.

여러분이 뽑은 영화나 드라마의 명대사를 써 보세요.

PART 3
여행

❶
여행 전

여행을 떠나자!

여행을 떠나요! 모든 걸 훌훌 버리고 떠나요! 회사일, 집안일, 학교생활 등에 지쳤나요? 매일매일 행복하고 즐겁게 살고 있어도 가끔은 이 모든 것을 뒤로 하고 떠나고 싶어질 때가 있지요? 여러분은 지금 당장 떠날 수 있다면 어디로 떠나고 싶어요? 여유로운 휴양지로 가든지 북적북적한 관광지로 가든지 지금 있는 곳에서 벗어나기만 해도 바로 그게 여행 아닐까요?

You're going on a trip and leaving every single thing behind! Tired of work, chores, school, etc.? Even if you live a happy, joyful life day in and day out, sometimes you just want to drop it all and go somewhere, right? If you could leave right now, where would you go? Whether a relaxing resort or bustling tourist destination, just leaving wherever you are right now would be a trip in and of itself, now wouldn't it?

💡 여러분의 여행 스타일을 골라 보세요.

1. 여행 계획은 (꼼꼼히 모든 것을 계획하기 / 큰 계획만 짜기 / 무계획이 계획).

2. 일정은 (여유로운 / 빼곡한) 스케줄이 좋아.

3. 돈은 (정해진 예산만 사용하자 / 일단 쓰고 보자).

4. 비행기표는 (몸이 힘들더라도 싼 게 최고지 / 비싸도 괜찮아, 몸이 편해야지).

5. 숙소는 (깨끗함 / 가격 / 서비스 / 수영장, 헬스장 등의 시설)이/가 중요해.

6. 숙소 타입은 (고급 리조트 / 호텔 / 펜션 / 게스트 하우스)이/가 좋아.

7. 여행지에서는 (늦잠도 괜찮아 / 일찍 일어나서 일정을 시작하자).

표현 ★ 한 조각

V-고 나서: 앞의 행동이 완전히 끝난 후에 다음 행동이 올 때 사용한다.

An expression used to indicate a sequence in which whatever happened was completely concluded before proceeding on to the next thing.

예문

• 그 사람과 이야기하고 나서 생각이 바뀌었어요.

• 숙소에 도착하고 나서 부모님께 전화를 드렸어요.

1. 여행을 가기 전에 미리 계획을 세우는 편이에요?
   Do you like to plan ahead before you travel?

2. 여행을 갈 때 가방 속에 꼭 챙기는 물건이 있어요?
   Is there something that you always carry in your bag when you travel?

   이렇게 써 봐요!
   저는 우산을 꼭 챙겨요. 우산을 가져가면 햇빛이 강할 때나 비가 올 때 모두 사용할 수 있거든요.

3. 어떤 여행지를 선호해요?
   What kind of places do you prefer to travel to?

   이렇게 써 봐요!
   저는 사람이 북적이는 관광지보다는 조용하고 자연이 아름다운 여행지를 선호해요.

4. 여행을 같이 가고 싶은 사람이 있어요?
   Is there anyone you would want to travel with?

   이렇게 써 봐요!
   저는 결혼을 하고 나서 부모님과 함께 여행을 간 적이 없어요. 그래서 부모님과 제주도에 가고 싶어요.

✏️ 여행을 떠나자! - 여러분의 여행 스타일은 어때요?

앞의 질문을 떠올리며 써 보세요. 너무 어렵다면 아래에 있는 선생님의 예시 글을 따라 써도 좋아요!

⌒ ⌒ ⌒ ⌒ ⌒ ⌒ ⌒ ⌒ ⌒ ⌒ ⌒

👁️ 한국어 한 조각 선생님은 이렇게 썼어요.

이 선생님

저는 완전히 계획파예요. 20대 때는 여행지에서 탈 버스나 지하철 시간
까지도 항상 조사하고, 미리 계획을 세우며 여행을 다녔어요. 예전만큼
은 아니지만 지금도 어느 정도 계획을 세우고 나서 여행을 가는 편이에
요. 최근 몇 년 동안은 코로나 때문에 여행을 가지 못했기 때문에 다음
여행은 꼭 해외로 가고 싶어요. 여유로운 휴양지보다는 붐비는 대도시
에 가서 사람들도 구경하고 관광지에서 신나게 놀고 싶어요.

★ 〈부록〉에서 한국어 한 조각 선생님이 쓴 다른 글도 살펴볼까요?

 단어 모아보기

-파 a type, side   계획을 세우다 to make a plan   붐비다 be crowded
신나다 to be elated, out of one's mind (in the best kind of way)

더 알아보기 ★ 한 조각 더

🔍 **한국 여행 전, 이것도 알아 두면 좋아요.**

1. 택시 투어: 제주도나 거제도 등 대중교통이 불편한 지역에서는 하루 동안 택시를 빌려서 이동할 수 있어요. 특정 지역에서는 전문적으로 택시 투어를 하는 곳도 많으니까 여행 전 미리 인터넷에서 찾아보세요.

2. 야경 투어: 밤에 볼 때 더 아름다운 풍경도 있지요? 현지인이 추천하는 야경 코스를 둘러보세요. 참고로 원래 야간에는 개장을 하지 않는데 '야경 투어 프로그램'으로만 들어갈 수 있는 곳도 있어요.

3. 원데이 클래스(one-day class): 한국 요리를 만들어 보거나 여행지에서 추억으로 남길 향초를 만들어 보는 등 취미와 관련된 전문 수업을 들어 보세요. 영어로 진행하는 수업도 있으니 여행 전에 미리 예약하면 좋겠죠?

4. 땡처리: 여행 상품이나 항공권 중 사용 시간이 얼마 안 남아 싸게 파는 것을 '땡처리'라고 해요. 특히 항공권 중에서 당장 내일 또는 모레 출발하는 표도 있으니까 잘 찾아보면 일반 가격보다 훨씬 저렴하게 이용할 수 있을 거예요.

5. 포켓 와이파이 또는 와이파이 도시락: 한국에서 와이파이(Wi-Fi)를 마음껏 사용하고 싶을 때 인터넷으로 미리 예약하고 오면 한국에 와서 빌리는 것보다 더 저렴하게 이용할 수 있어요.

금강산도 식후경

여행을 떠나기 전, 설레서 잠을 못 이룬 경험이 있나요? 두근거리는 마음을 안고 같이 여행을 준비해 봐요. 여행에서 가장 기대되는 것은 무엇인가요?
"금강산도 식후경"이라는 말처럼 여행은 먹으러 가는 것이 아닐까요? 또는 여행지에서 찍은 인생 사진으로 프로필 사진을 바꾸고 싶지 않나요? 요즘 사람들이 많이 가는 핫 플레이스(핫플, hot place)도 안 가 볼 수 없겠죠? 여행 전의 설렘을 느끼며 글을 써 봐요.

Have you ever been too excited to sleep the day before you went on a trip? Get ready to prepare for your trip with your heart pounding in your chest. What is it that you look forward to the most?
Like the old saying, "Food comes first, even before viewing the beauty of Mt. Geumgang," isn't travel always about the food? Or perhaps you want to take that once-in-a-lifetime photo to replace your profile picture? you can't miss going to all the hot places everyone's going to, right? Try writing with the feeling of excitement you get the day before you travel.

💡 여러분이 가장 좋아하는 여행 테마를 체크해 보세요.

1. 여행은 쇼핑 아니겠어요? 돈 쓰러 가자! □

2. 야시장, 마트 구경 등 현지인처럼 다녀요. □

3. 그 지역에서만 먹어 볼 수 있는 음식은 꼭 먹어요. □

4. 인생 사진이 나올 때까지 예쁜 사진을 찍어 볼까요? □

5. 요즘 유명한 곳이야? 핫플(hot place)은 참을 수 없어요! □

표현 ★ 한 조각

아무리 A/V-아/어도: 앞의 동작이나 상태를 강조할 때 쓰는 표현으로 그 정도가 매우 심하지만 뒤에 오는 말에 관계가 없거나 영향을 주지 않음을 나타낼 때 사용한다.

An expression used to emphasize what was said by indicating that even though it is of a high degree or level, it has no relation to and does not influence whatever comes next.

예문

• 저는 **아무리 피곤해도** 운동은 꼭 하고 자요.
• **아무리 생각해도** 그 사람의 행동이 이해가 되지 않아요.

---

1. 여행지에 도착한 날, 가장 먼저 하는 일이 뭐예요?

   What's the first thing you usually do when you arrive on day one of your trip?

   ....

   이렇게 써 봐요!

   저는 아무리 피곤해도 숙소에서 늘어지지 않고 바로 밖으로 나가요.

2. 여행할 때 꼭 가는 곳이 있어요?

   Is there a place that you always visit when you travel?

   ....

3. 여행할 때 꼭 사는 것이 있어요?

   How about something that you always buy when you travel?

   ....

   이렇게 써 봐요!

   저는 해외여행을 할 때 그 나라의 언어로 된 책을 한 권 사요. 유명한 작품을 언어별로 모으는 취미가 있어요.

4. 여행할 때 꼭 하는 일이 있어요?

   What are some things you always do when you travel?

   ....

   이렇게 써 봐요!

   저는 아무리 배가 불러도 그 나라에서 먹을 수 있는 음식은 모두 먹어 보는 편이에요.

 **일기 쓰기 ★ 세 조각**

✏️ **금강산도 식후경 – 여행을 가면 뭐 해요?**

앞의 질문을 떠올리며 써 보세요. 너무 어렵다면 아래에 있는 선생님의 예시 글을 따라 써도 좋아요!

⟴ **한국어 한 조각 선생님은 이렇게 썼어요.**

현 선생님

"금강산도 식후경"이라는 말이 있듯이 제가 여행할 때 가장 중요하게 생각하는 것은 음식이에요. 그래서 여행지에 도착하면 **아무리 피곤해도** 숙소 주변의 맛집을 찾아가요. 그리고 해외여행을 할 때는 그 나라의 시장을 꼭 구경해요. 특히 야시장 구경은 정말 재미있어요. 또, 서점에 가서 그 나라의 언어로 된 책도 한 권 사요. 다양한 언어로 된 책을 모으는 게 제 취미거든요.

★ 〈부록〉에서 한국어 한 조각 선생님이 쓴 다른 글도 살펴볼까요?

 단어 모아보기

금강산도 식후경 "Everything is better on a full stomach" 야시장 a night market
언어 a language 모으다 to collect

🔍 서울에 오면 이곳에 꼭 가 보세요!

1. 찜질방: '사우나(sauna)'와 달리 한국의 찜질방은 잠도 잘 수 있고 맛있는 음식을 먹으면서 TV도 볼 수 있어요. 한국 드라마에서 많이 보셨죠? 찜질방에 간다면 수건으로 양머리를 만들어서 사진도 찍어 보세요.

2. 노량진 수산시장: 영화 '올드보이(Oldboy)'에서 주인공이 먹던 '산낙지'를 눈앞에서 잡아 줘요. 또 수산시장에서 고른 생선을 회로도 바로 만들어 주기 때문에 신선한 상태의 회를 먹을 수 있어요.

3. DMZ: 한국은 분단국가예요. 이곳에 가면 강 너머로 북한을 볼 수 있고, 땅굴에 들어가 보거나 임진각을 구경할 수도 있어요.

4. 궁: 서울에는 5개의 궁(경복궁, 덕수궁, 경희궁, 창경궁, 창덕궁)이 있는데 그중 경복궁은 한국 드라마나 영화에도 많이 나왔어요. 직접 가 보고 싶지 않으세요? 경복궁 근처에 한복을 빌려주는 곳도 많으니 한복을 입고 인생 사진 한 컷은 어때요?

5. 국립중앙박물관: 박물관에서는 그 나라의 역사와 문화를 볼 수 있어요. 특히 국립중앙박물관에는 역사적인 문화재가 정말 많이 있어요. 그리고 입장료도 무료라는 사실! 꼭 한번 가 보세요.

6. 북한산: 한국 지하철을 타 보면 등산복을 입은 사람들이 많을 정도로 한국 사람들은 등산을 정말 좋아해요. 북한산은 힘들지 않은 트래킹 코스도 많으니까 한국 사람처럼 등산을 즐겨 보세요.

❸

여행 후

서울에서의 일주일

여러분은 서울에 와 본 적이 있어요? 여러분 기억 속의 서울은 어떤 모습인가요? 화려한 강남과 이태원의 거리, 아름다운 한옥이 있고 전통이 살아있는 인사동과 북촌 한옥마을, 젊은이들의 에너지가 넘쳐나는 홍대와 명동 등 서울에는 다양한 볼거리와 먹을거리가 아주 많답니다. 앗! 아직 서울에 와 본 적이 없다고요? 그래도 괜찮아요. 꼭 서울이 아니더라도 오늘은 여러분의 기억 속에 남아 있는 여행지에 대해서 글을 써 봐요.

"제 기억에 남는 여행지는요…."

Have you ever been to Seoul? How does Seoul appear in your memory? Seoul has so many things to see or eat, like the bustling streets of Gangnam and Itaewon, or places like Insadong and the Bukchon Hanok Village, where Korea's buildings and traditions are alive and well. There is also Hongdae and Myeongdong, full of young energy. Wait! You haven't been to Seoul yet? That's still okay. Even if it's not Seoul, today you can write about any travel destination that left a lasting impression on you.

"My most memorable trip…."

쓰기 ★ 준비해 봐요!

💡 여러분이 가 본 여행지를 모두 써 보세요.

📖 한국 – 서울, 부산, 전주

　미국 – 뉴욕, LA

1.

2.

3.

4.

5.

표현 ★ 한 조각

A-(으)ㄴ데, V-는데, N인데: 뒤의 말을 하기 위하여 그 대상과 관련이 있는 상황을 미리 말함을 나타낸다.

An expression used to mention something in advance about whatever is to follow.

예문
- 서울은 한국의 수도인데 한국 전체 인구 중 약 18%가 서울에 살고 있어요.
- 저희 동네에 유명한 빵집이 있는데 가격도 저렴하고 빵도 아주 맛있어요.

🌐 한 줄 쓰기 ★ 두 조각

1. 기억에 남는 여행지가 어디예요? 그곳에 누구와 언제, 얼마 동안 갔어요?
   What was your most memorable travel destination? With who, when, and
   how long did you stay there?

   ....

2. 그곳에서 무엇을 했어요?
   What did you do there?

   ....

3. 어떤 특별한 일이 있었어요?
   Did anything special happen?

   ....

   이렇게 써 봐요!

   • (호찌민) 정말 가 보고 싶었던 박물관이 있어서 기대를 하고 갔는데 공사로 그날 문을 안 열었어요.
   • (베네치아) 길을 잃어버려서 몇 시간 동안 골목을 헤맸던 적이 있어요.

4. 다시 그곳에 간다면 무엇을 해 보고 싶어요?
   What would you want to do if you ever went there again?

   ....

   이렇게 써 봐요!

   (베네치아) 젤라토를 먹어 보고 싶어요. 젤라토는 이탈리아의 유명한 디저트인데 날씨가 너무 추워서
   먹어 보지 못해 아쉬웠어요.

 **일기 쓰기 ★ 세 조각**

 _____ 에서의 일주일

앞의 질문을 떠올리며 써 보세요. 너무 어렵다면 아래에 있는 선생님의 예시 글을 따라 써도 좋아요!

⊙ 한국어 한 조각 선생님은 이렇게 썼어요.

이 선생님

몇 년 전에 동생과 일주일 정도 베트남 호찌민으로 여행을 갔는데 그 여행이 제일 기억에 남아요. 왜냐하면 여행 내내 마음이 너무 편했고 아주 행복했기 때문이에요. 가족과 여행을 가면 꼭 한두 번은 싸운다고 하는데 한 번도 싸우지 않고 너무 잘 맞았어요. 그런데 가는 날이 장날이라고, 정말 가 보고 싶었던 박물관이 공사로 문을 닫아서 아쉽기도 했어요. 그렇지만 아쉬움 또한 재미있는 추억이라고 생각해요.

★ 〈부록〉에서 한국어 한 조각 선생님이 쓴 다른 글도 살펴볼까요?

✈ **단어 모아보기**

내내 throughout, for the entire time   **싸우다** to fight with
가는 날이 장날 a proverb similar to the phrase, "what luck"   **아쉽다** be a bummer

더 알아보기 ★ 한 조각 더

🔍 **한국어 한 조각 선생님들과 떠나는 서울 여행**

이 선생님과 동네 골목 투어

여러분은 서울에 오면 어디에서 무엇을 하고 싶어요? 서울에는 많이 와 보셨다고요? 그래서 재미없다고 생각하시나요? 그렇다면 다음에 한국에 오시면 서울의 골목을 둘러보면 어떨까요?

저는 요즘 뜨고 있는 '망리단길' 근처에 살고 있어요. 'ㅇ리단길'은 원래 이태원의 '경리단길'에서 유래되었는데, '망원동'이라는 동네 이름을 넣어서 '망리단길'이 탄생했어요(비슷하게 강남의 '가로수길'에서 유래된 서울대입구역의 '샤로수길'도 있어요!). 크고 화려한 관광지는 아니지만 작은

소품 가게나 이국적인 음식점, 예쁜 카페 등이 줄지어 있어서 요즘 젊은 사람들이 많이 찾는 곳이에요. 한국 사람들 사이에서 소문난 곳, 찐 서울 관광을 원한다면 '망리단길'에도 와 보세요!

현 선생님과 성수동 데이트

서울에 성수동이라는 동네가 있어요. 옛날에는 공장이 모여 있는 곳이었는데 이 오래된 공장과 주택을 음식점과 카페로 리모델링을 하면서 서울에서 가장 감각적인 동네가 되었어요. 그래서 성수동에 가면 옛날 감성과 현대의 감성이 섞여 있는 독특한 분위기를 느낄 수 있어요. 맛집도 많고 분위기 좋은 카페도 많아서 데이트 장소로도 인기가 많아요.

그리고 뉴욕에 센트럴파크가 있다면 서울에는 서울숲이 있어요. 서울숲은 성수동에 위치한 큰 공

원인데 피크닉을 즐기기에도 좋고 산책을 하기에도 좋아요. 또 다양한 체험 프로그램도 있어서 볼거리와 놀거리도 많아요. 성수동에 있는 맛집과 분위기 좋은 카페에서 식사를 한 후에 서울숲에서 산책을 하면 이만한 데이트 코스가 없지요?

❹
여행지

우리나라에서 이것만은 꼭!

여러분이 여행을 가기도 하지만 친구들이 여러분의 나라로 여행을 오기도 하죠. 친구가 여러분의 나라에 왔을 때 같이 갈 만한 곳, 먹어볼 만한 음식, 해 볼 만한 것을 생각해 봐요. 만약, 여러분이 한국에 온다면 김치와 삼겹살은 꼭 먹어야 하고, 싸이(PSY)의 노래 제목인 '강남 스타일'의 강남도 가 봐야겠죠? 또 시간이 된다면 제주도도 가면 좋고…. 어휴, 할 게 많네요.^^

While you might go on a trip, your friends might also visit your country too. When a friend comes to your country, think about where to take them, which foods to try, and what else there is to do. If you ever come to Korea, you must try kimchi and pork belly. Visiting Gangnam from Psy's hit song, "Gangnam Style" is also a must, don't you think? Then, if you have the time, why not take a trip to Jeju Island…. There's just so much to do.

💡 **여러분의 고향은 어떤 곳인가요?**

1. 우리 고향에는 (산 / 바다 / 강 / 호수 / _____)이/가 있다.

2. 우리 고향의 특산품은 (   )(이)다.

3. 우리 고향에 온다면 (   )은/는 꼭 먹어야 한다.

4. 우리 고향에 온다면 (   )에는 꼭 가야 한다.

5. 우리 고향에 온다면 (   )은/는 꼭 해야 한다.

🌀 표현 ★ 한 조각

N(이)야말로: 강조하여 확인하는 뜻을 나타낸다.

An expression used to emphatically state something.

┌─ **예문** ─
- 방탄소년단이야말로 한국을 대표하는 가수죠.
- 떡볶이야말로 최고의 한국 길거리 음식이라고 할 수 있다.

1. 친구에게 추천해 주고 싶은 고향의 여행지가 있어요?

   Is there any travel destination in your hometown that you would recommend to your friends?

2. 왜 그곳을 추천해요?

   Why would you recommend that place?

   이렇게 써 봐요!

   강릉이야말로 바다가 정말 아름다운데 계절마다 다른 분위기를 느낄 수 있어요. 그리고 맛집과 예쁜 카페도 많아요.

3. 그곳에서 무엇을 꼭 해 봐야 해요?

   What is a must do when they go there?

   이렇게 써 봐요!

   전주에서 1년에 딱 한 번 영화제가 열리니까 기회가 되면 꼭 가 보세요.

4. 그곳에서 무엇을 꼭 먹어 봐야 돼요?

   What is something they have to eat?

   이렇게 써 봐요!

   강릉은 해산물이 저렴하고 싱싱하니까 생선회나 물회를 먹어 보세요.

✏️ 우리나라에서 이것만은 꼭! – 여러분의 나라에서 여행하기 좋은 도시는 어디예요?

앞의 질문을 떠올리며 써 보세요. 너무 어렵다면 아래에 있는 선생님의 예시 글을 따라 써도 좋아요!

Ⓥ 한국어 한 조각 선생님은 이렇게 썼어요.

이 선생님

저는 한국의 여러 도시 중에서 전주를 추천하고 싶어요. 한국 사람들은 음식하면 '전라도 음식'을 최고로 꼽는데, 전주야말로 전라도를 대표하는 도시거든요. 저는 매년 전주에 가는데 최근에는 영화제를 구경하러 갔어요. 영화제에서 평소에 접하기 힘든 나라의 영화를 관람하고 저녁에는 막걸리도 마셨어요. 그리고 술을 마시면 다음 날 해장을 해야 하잖아요? 이때가 바로 전주의 유명한 음식인 '콩나물국밥'을 가장 맛있게 먹을 수 있는 때예요. 잊지 마세요!

★ 〈부록〉에서 한국어 한 조각 선생님이 쓴 다른 글도 살펴볼까요?

 단어 모아보기

꼽다 to pick　영화제 a film festival　접하다 to encounter
해장 a process of curing a hangover

더 알아보기 ★ 한 조각 더

🔍 K-movie(한국 영화), 영화의 나라 한국으로 여행을 떠나요!

코로나 속 부산국제영화제 성공적 폐막

205개국 수출 기생충, 전 세계에서 거둔 수익 얼마?

해외 '트로피'만 83개 … "이제 남은 건 아카데미"

제74회 칸영화제, 달라진 韓 영화 위상 … 봉준호 열고 이병헌 닫아

한국 영화가 외국 사람들의 마음을 사로잡고 있어요. 100여 개가 넘는 나라에 수출되기도 하고 국제영화제 등에서 수상을 하기도 하고요. 이에 어떤 감독은 한국 사람들이 영화를 정말 좋아하기 때문에 그에 맞는 영화를 만들다 보니까 영화의 수준이 높아져서 그런 것이라고 말하기도 했어요. 그만큼 한국 사람들은 영화를 정말 좋아해요.

한국에서 열리는 크고 작은 영화제가 2022년에만 무려 87개나 열렸다는 거, 알고 계셨나요? 그중에서도 '백상예술대상', '청룡영화상', '부산국제영화제', '전주국제영화제' 등이 대표적인 한국의 영화제예요.

특히 이 선생님도 추천하는 '전주국제영화제'의 경우에는 평소에 접하기 힘든 국내외 영화를 볼 수 있기 때문에 한국 사람들 중에서도 마니아가 있을 정도예요. 또 전주에 간 김에 여행도 할 수 있기 때문에 일석이조의 효과도 누릴 수 있고요. 혹시 한국에 오신다면 영화와 함께하는 색다른 여행을 해 보는 것은 어때요?

🍵 6글자로 말해요.

PART 3에서는 여행에 대해서 생각해 보고 글을 써 봤습니다. 긴 글을 쓰는 데에 이제 자신이 좀 생기셨나요? 그렇다면 이번에는 여행과 관련된 질문을 읽고 아주 짧게 단 6글자로만 말해 봅시다!

질문: 기억에 남는 곳? 대답: 나는 다 좋았는데. (7글자, ×) 　　　아무래도 한국. (6글자, ○)	질문: 기억에 남는 곳?
질문: 왜 기억에 남아? 대답: 음식이 맛있어.	질문: 왜 기억에 남아?
질문: 또 뭐가 좋았어? 대답: 쇼핑 많이 했어. 　　　방탄 콘서트 감.	질문: 또 뭐가 좋았어?
질문: 다음엔 어디 가? 대답: 하와이 갈 거야.	질문: 다음엔 어디 가?
질문: 누구랑 갈 거야? 대답: 나 혼자 갈 거야.	질문: 누구랑 갈 거야?
질문: 거기서 뭐 할래? 대답: 포케 먹고 싶어.	질문: 거기서 뭐 할래?
질문: 언제 갈 수 있어? 대답: 나도 모르겠어.	질문: 언제 갈 수 있어?

PART 4

쇼핑과 선물

❶
물건

가방 안에 뭐가 있어요?

요즘 유튜브(YouTube)를 보면 연예인들의 '왓츠 인 마이백(What's in my bag)' 영상을 자주 볼 수 있어요. '왓츠 인 마이백'은 자기 가방 안에 어떤 물건을 들고 다니는지 알려 주는 거예요. 여러분은 가방 속에 어떤 물건을 들고 다니나요? 그중 여러분에게 없어서는 안 될 소중한 물건이 있어요? 오늘 여러분이 들고 다니는 물건에 대해 소개해 볼까요?

These days you can find a lot of celebrity "What's in my bag?" videos on YouTube. "What's in my bag?" is when someone shows what kind of items they carry around in their bag. What objects do you carry around with you in your bag? Is there anything precious that you couldn't live without? Today, how about introducing the objects that you carry around with you?

쓰기 ★ 준비해 봐요!

💡 여러분의 가방 안에 있는 물건들을 써 보세요.

예 아이패드 / 텀블러 / 휴대폰 / 필통

1.
2.
3.
4.
5.

 표현 ★ 한 조각

A/V-다가: 어떤 행동이나 상태 등이 중단되고 다른 행동이나 상태로 바뀜을 나타낸다.

An expression used when something that is happening is suddenly stopped and a different thing ensues.

> **예문**
> • 밥을 먹다가 전화를 받았어요.
> • 어제 영화를 보다가 잤어요.

1. 여러분에게 없어서는 안 되는 소중한 물건이 뭐예요?
   What is one object that is indispensable to you?

   _____

   이렇게 써 봐요!

   제 지갑 속에 있는 할머니, 할아버지 사진이 가장 소중한 물건이에요.

2. 그 물건은 여러분에게 어떤 의미가 있어요?
   What does that object mean to you?

   _____

   이렇게 써 봐요!

   지갑에 돌아가신 할머니와 할아버지 사진을 항상 들고 다니는데 힘들 때마다 사진을 보면 힘이 나요!

3. 물건을 자주 잃어버리는 편이에요?
   Are you the type that often loses things?

   _____

4. 잃어버린 물건을 다시 찾은 적이 있어요?
   Have you ever found something that you once lost?

   _____

   이렇게 써 봐요!

   밤늦게까지 놀고 집에 <u>가다가</u> 지갑을 잃어버렸는데 찾지 못했어요.

✏️ **가방 안에 뭐가 있어요? - 소중한 물건이나 잃어버린 물건에 대해 써 보세요.**

앞의 질문을 떠올리며 써 보세요. 너무 어렵다면 아래에 있는 선생님의 예시 글을 따라 써도 좋아요!

Ⓥ **한국어 한 조각 선생님은 이렇게 썼어요.**

이 선생님

저는 웬만하면 물건을 잘 잃어버리지 않아요. 물건마다 있어야 하는 자리를 정해 놓기 때문이에요. 그런데 하루는 친구들과 술을 마시고 집에 가는 길이었어요. 그렇게 취하지 않았는데도 정신이 없었는지 지하철 화장실에 휴대폰을 두고 나온 거예요. 처음으로 공공장소에서 물건을 잃어버렸어요. 지하철을 타고 **가다가** 도중에 생각이 나서 다시 되돌아 갔는데 다행히 청소하시는 분이 제 휴대폰을 챙겨 놓아 주셔서 찾을 수 있었어요.

★ 〈부록〉에서 한국어 한 조각 선생님이 쓴 다른 글도 살펴볼까요?

 단어 모아보기

웬만하면 an expression that means "If one can"　취하다 to be intoxicated
정신이 없다 to be all over the place　공공장소 a public place　도중에 on the way
챙기다 to pack

더 알아보기 ★ 한 조각 더

🔍 **제 가방 속 물건들이 궁금하세요? 왓츠 인 마이 백(What's in my bag)!**

유튜브(YouTube)에서 연예인이나 인플루언서(influencer)가 그들의 가방 속 물건을 보여 주는 '왓츠 인 마이 백' 영상을 본 적이 있나요? 자신의 가방 안에 들어 있는 물건을 소개하는 콘텐츠인데요. 보통 휴대용 보조배터리와 같은 전자기기, 화장품, 미용 소품 등 생활용품들을 보여 줘요.

그런데 이 콘텐츠가 인기를 끄는 이유는 단순히 가방 속 물건들이 신기해서 그런 것만은 아니에요. 특별해 보이지는 않지만 그 물건 속에 이야기가 담겨 있기 때문이에요. 예를 들면, 취업에 성공해서 부모님께 받은 지갑이나 연인에게 생일 선물로 받은 향수, 여행 중 우연히 발견한 예쁜 카페에서 산 텀블러 등 자신만의 소중한 추억이 담겨 있는 경우죠.

'왓츠 인 마이 백'을 보면서 여러분의 가방도 한번 살펴볼까요? 여러분의 가방 속에는 어떤 물건들이 있고 또 그 물건에는 어떤 추억이 담겨 있나요?

❷
쇼핑

쇼핑 한 바퀴 돌아볼까요?

여러분은 물건을 살 때 어떤 방법으로 사나요? 사람마다 쇼핑 스타일이 다를 텐데요. 사야 할 물건의 리스트를 적어서 필요한 물건만 사는 사람이 있는가 하면 돌아다니다 눈에 들어오는 물건이 있으면 "이건 사야 돼!" 하고 덥석 물건을 사버리는 사람도 있죠. 여러분의 쇼핑 스타일은 어때요? 오늘은 여러분의 쇼핑 스타일을 알아볼까요?

How do you buy things when you buy them? Everyone's shopping style must be a bit different. While some people make a list of things to buy and others only buy what they need, some people see something that catches their eye while walking around and proclaim, "I need this!" before making an impulsive purchase. How about your shopping style? Shall we find out more about your shopping style today?

쓰기 ★ 준비해 봐요!

💡 여러분의 쇼핑 스타일을 생각해 보세요.

1. 주로 (온라인 / 오프라인)에서 쇼핑한다.

2. 쇼핑할 때 가장 중요한 것은 (디자인 / 가격 / 품질 / 브랜드)이다.

3. 물건을 살 때 (충동구매를 한다 / 계획을 하고 산다).

4. 자주 사는 아이템(물건)은 (   )이다.

5. 이미 갖고 있어도 (   )은/는 자꾸 사고 싶다.

표현 ★ 한 조각

A/V-아/어 가지고: 앞의 말이 나타내는 행동이나 상태가 뒤의 말의 원인이나 이유
임을 나타낸다.

An expression used to link whatever came before as the cause, means, or reason for
whatever follows.

┌─ 예문 ─
• 그 가방은 너무 비싸 가지고 못 사겠어요.
• 어제 커피를 많이 마셔 가지고 잠을 못 잤어요.

1. 쇼핑을 할 때 온라인 쇼핑몰을 이용해요? 직접 가게에 가서 물건을 사요?
   When you go shopping, do you shop online? Or do you go to the store
   and buy things in person?

   이렇게 써 봐요!

   저는 옷을 살 때 꼭 가게에 가서 입어 보고 사요. 사이즈, 색깔, 소재 등 여러 가지를 꼼꼼하게 확인하는
   편이에요.

2. 마트에 가면 꼭 사는 물건이 있어요?
   Is there something you always buy when you go to the supermarket?

   이렇게 써 봐요!

   저는 간식을 좋아해 가지고 마트에 가면 과자나 초콜릿 코너에 꼭 들러서 달콤한 간식을 사요.

3. 최근에 산 것 중 가장 마음에 드는 물건이 뭐예요?
   What is your favorite thing that you bought recently?

4. 지금 당장 가지고 싶은 물건 3가지를 써 보세요.
   Write down three things you want to have right now.

   이렇게 써 봐요!

   27인치 아이맥, 카드 지갑, 양산

✏️ **쇼핑 한 바퀴 돌아볼까요? - 여러분의 쇼핑 스타일을 써 보세요.**

앞의 질문을 떠올리며 써 보세요. 너무 어렵다면 아래에 있는 선생님의 예시 글을 따라 써도 좋아요!

⌒ ⌒ ⌒ ⌒ ⌒ ⌒ ⌒ ⌒ ⌒ ⌒ ⌒ ⌒

☑️ 한국어 한 조각 선생님은 이렇게 썼어요.

현 선생님

저는 옛날에 쇼핑을 정말 좋아했어요. 꼭 필요한 것이 없어도 백화점에 가서 구경을 하고, 계획에 없던 충동구매를 하곤 했죠. 그러다 보니 돈을 많이 **써** 가지고 소비 습관을 바꾸게 됐어요. 요즘에는 그 달에 필요한 물건을 적어 놓고 여기저기 다니며 충분히 물건을 비교해 보고 구매해요. 또 물건을 구매할 때 저만의 팁이 있는데 먼저 가게에 가서 물건을 직접 본 다음에 인터넷에서 똑같은 물건을 찾아 가격을 비교하면 더 저렴하게 살 수 있어요!

★ 〈부록〉에서 한국어 한 조각 선생님이 쓴 다른 글도 살펴볼까요?

 단어 모아보기

충동 an impulse　소비 consumption　비교하다 to compare　구매하다 to purchase
팁 a tip　저렴하다 to be inexpensive

🔍 **한국의 쇼핑 트렌드**

자기 전에 시킨 물건이 아침에 도착하는 새벽 배송

이제 한국에서는 전날 주문하면 다음 날 문 앞에 물건이 도착해 있는 새벽 배송을 어렵지 않게 경험할 수 있어요. 우유, 과일, 생선, 고기 등의 신선 식품은 배송 시간이 오래 걸리면 신선도가 떨어지는데 새벽 배송을 이용하면 신선한 상품을 다음 날 바로 받을 수 있어서 특히 인기가 많아요. 이러한 새벽 배송이 이제는 신선 식품을 넘어 의류 제품까지 확대가 되었어요. 한 쇼핑 플랫폼에서는 전날 밤에 옷을 주문하면 다음 날 아침에 받아 볼 수 있는 하루 배송이 생겼어요. 처음에는 서울과 수도권 중심으로 하루 배송이 가능했지만 점점 전국으로 시장이 커지고 있어요. 이러한 새벽 배송과 하루 배송에 관한 내용은 '한국어 한 조각'의 팟캐스트에도 있으니 같이 들어 보세요.^^

실시간으로 보고 사는 라이브 커머스

'라이브 커머스'란 라이브 스트리밍(live streaming)과 상업을 의미하는 커머스(commerce)가 합쳐진 말로 실시간 동영상 방송으로 상품을 판매하는 걸 말해요. 라이브 커머스는 2018년 중국을 시작으로 최근 전 세계의 소비 트렌드가 되었어요. 특히 한국에서 주목받기 시작한 건 2020년 코로나19가 유행하고 나서부터예요. 비대면 쇼핑이 인기를 끌면서 자연스럽게 온라인으로 소통하며 쇼핑할 수 있는 라이브 커머스가 인기를 끌게 되었어요. 이러한 라이브 커머스가 인기 있는 가장 큰 이유는 실시간으로 시청자와 소통할 수 있다는 점이에요. 제품을 보고 시청자가 자유롭게 질문을 하기도 하고, 판매자가 제품에 대해 자세하게 알려 줄 수도 있다는 점 때문에 각광을 받고 있어요. 그리고 제품 판매뿐만 아니라 재미있는 콘텐츠도 포함하고 있어 쇼핑을 재미있게 할 수도 있죠. 그래서 최근에는 홈쇼핑과 백화점 등 다양한 업체에서 라이브 커머스 플랫폼을 만들고 있어요.

❸
선물

선물을 좋아해요?

선물은 받을 때도 기분이 좋을 뿐만 아니라 선물을 준비해서 상대방에게 선물을 줄 때에도 기분이 좋아요. 그리고 상대방이 무엇을 좋아하는지, 상대방에게 어떤 선물을 주는 것이 좋을지 고민하는 시간도 행복해요. 여러분도 선물을 좋아하나요? 어떤 선물을 자주 하나요? 오늘은 받고 싶은 선물이나 주고 싶은 선물에 대해 떠올려 봐요.

It not only feels good to receive a gift, but also feels great to give a gift to someone else. It's pleasant just thinking about what another person likes and what kind of gift to give them. Do you like presents too? What kinds of gifts do you usually give? Think about the presents you either want to receive or want to give to others.

쓰기 ★ 준비해 봐요!

💡 최근 여러분의 생일에 무엇을 했어요? 또 어떤 선물을 받았어요?
#(해시태그)를 사용해서 써 보세요.

#예약 #초고층 #브런치식당 #드라이브 #꽃다발

➕ 표현 ★ 한 조각

A/V-(으)면 좋겠다: 말하는 사람의 소망이나 바람을 나타내거나 현실과 다르게 되기를 바라는 것을 나타낸다.

An expression used to indicate whoever is speaking wants something to happen or wishes the outcome could be somehow different from reality.

┌─ 예문 ─
• 빨리 방학이 <u>되면</u> 좋겠어요.
• 내일은 날씨가 <u>맑으면</u> 좋겠어요.

1. 선물하는 것을 좋아해요?
   Do you like giving gifts?

2. 언제 선물을 해요?
   On which occasions do you usually give out presents?

   이렇게 써 봐요!

   보통 생일에 선물을 해요. 다음 주가 친구의 생일이라서 선물을 준비했는데 친구가 **좋아하면 좋겠어요**.

3. 기억에 남는 선물이 있어요?
   Can you think of any memorable gift?

   이렇게 써 봐요!

   예전에 친구가 졸업식에 준 선물이 기억에 남아요. 제가 평소에 갖고 싶었던 물건이었거든요.

4. 지금 가장 받고 싶은 선물이 뭐예요?
   What would you most like to receive as a present right now?

   이렇게 써 봐요!

   향수를 받으면 좋겠어요.

📝 선물을 좋아해요? - 주로 언제, 누구에게 선물을 하나요?

앞의 질문을 떠올리며 써 보세요. 너무 어렵다면 아래에 있는 선생님의 예시 글을 따라 써도 좋아요!

🔵 한국어 한 조각 선생님은 이렇게 썼어요.

이 선생님

저는 특별한 날이 아니어도 평소에 선물을 자주 해요. 특히 제가 써 보고 좋은 물건이 있으면 친구들에게도 선물해요. 비싸지 않아도 일상생활에 사용하기 편리한 제품이나 맛있는 디저트가 있으면 '카카오톡'의 선물하기 기능을 이용해서 친구들에게 선물을 하곤 해요. 요즘에는 간단하게 커피 쿠폰 선물을 많이 하는데 친구들이 맛있게 마시면 **좋겠어요.**

★ 〈부록〉에서 한국어 한 조각 선생님이 쓴 다른 글도 살펴볼까요?

 단어 모아보기

평소 ordinarily, usually   카카오톡 Korea's popular messaging app, "KakaoTalk"
기능 a function

더 알아보기 ★ 한 조각 더

🔍 **한국 사람들은 어떤 선물을 할까요? 그 선물은 어떤 의미를 가지고 있을까요?**

1. 태어난 지 1년째 되는 날(돌)에 금반지 선물을!

   세월이 지나도 변하지 않는 금처럼 오래 살라는 의미로 금반지를 선물해요. 금은 시간이 지나도 가치가 떨어지지 않기 때문에 가정에 어려운 일이 생겼을 때 팔아서 쓰라는 지혜가 담겨 있어요. 그러나 요즘에는 꼭 반지가 아니더라도 팔찌, 숟가락 등 금으로 만든 액세서리나 물건을 선물하기도 해요.

2. 수능을 앞둔 수험생에게 엿과 찹쌀떡 선물을!

   시험에 합격했다는 말을 '시험에 붙었다'라고 표현하고, 불합격했다는 말을 '시험에 떨어졌다'라고 표현하는데 엿과 찹쌀떡의 달라붙는 성질처럼 시험에 잘 붙으라는 의미로 시험을 앞둔 학생에게 선물해요.

3. 성년의 날에 향수, 장미꽃, 키스 선물을!

   성년의 날은 성인(만 19세)이 된 것을 축하하는 날이에요. 성년의 날에 주는 대표적인 선물은 향수, 장미꽃, 키스예요. 향수는 아름다운 향기처럼 다른 사람들에게 좋은 영향을 주는 사람이 되라는 의미가 있어요. 그리고 장미꽃에는 열정, 사랑이라는 꽃말이 담겨 있어서 열정과 사랑이 계속되길 바란다는 의미가 있어요. 마지막으로 연인이 있다면 키스 선물을 하기도 해요. 키스는 책임감 있는 사랑을 하라는 의미가 있어요.

4. 신발 선물을 할 때는 조심 또 조심!

   한국에서는 연인 사이에 신발 선물을 하면 안 되는데 그 이유는 신발을 선물하면 그 신발을 신고 다른 사람에게 떠나 버린다는 미신이 있기 때문이에요. 하지만 최근에는 이런 말을 믿지 않는 사람들이 늘어나면서 연인 사이에 신발 선물을 하기도 해요. 대신 이 말이 마음에 걸리는 경우에는 신발 선물을 받을 때 연인에게 돈을 조금 주기도 해요. 돈을 주면 자기가 산 게 되기 때문이에요.

❹
축하

친구야, 축하해!

누군가를 진심으로 축하해 준 적이 있어요? 연인의 생일이 되었을 때, 동생이 학교를 졸업했을 때, 친구가 열심히 준비한 시험에 합격했을 때, 가족이 회사에서 승진을 했을 때 우리는 여러 상황에서 축하를 해 줘요. 축하해 줄 일이 있을 때 파티를 열기도 하고 선물을 주기도 해요. 여러분은 요즘 주변에 축하할 일이 있나요? 오늘은 축하해 주고 싶은 사람에게 축하 편지를 써 봐요.

Have you ever truly congratulated someone? Perhaps for a lover's birthday, when a younger sibling graduated, when a friend passed an important exam, or when a family member got a promotion? We congratulate others in all kinds of situations. Celebrations also often involve parties or presents. Is there anything that you have a reason to celebrate recently? Try writing a letter to congratulate someone that you think deserves it.

💡 축하할 일에 파티가 빠질 수 없죠? 파티에 필요한 것을 써 보세요.

케이크 / 음식 / 와인 / 풍선 / 선물 / _____ / _____ /

_____ / _____ / _____

표현 ★ 한 조각

A/V-(으)ㄹ 테니까: 뒤에 오는 말에 대한 조건임을 강조하여 말하는 사람의 강한 추측을 나타낸다.

An expression used to indicate that whatever is being discussed in the preceding statement, the speaker considers the following statement to be highly probable or almost certain.

예문

- 오후에 비가 **올 테니까** 우산을 꼭 가져가세요.
- 지금은 길이 **복잡할 테니까** 지하철을 타는 게 좋을 거예요.

🎧 한 줄 쓰기 ★ 두 조각

1. 지금 누구에게 축하를 해 주고 싶어요?
   Who do you want to congratulate right now?

   ....

2. 왜 그 사람에게 축하를 해 주고 싶어요?
   What do you want to congratulate them on?

   ....

3. 그 사람에게 어떤 선물을 줄 거예요?
   What kind of present would you give them?

   ....

   이렇게 써 봐요!

   친구가 결혼을 해서 필요한 게 **많을** 테니까 신혼집에 필요한 물건을 선물해 주고 싶어요.

4. (선물과 함께) 그 사람에게 전하고 싶은 말이 있어요?
   (Along with the present) Are there any words that you would like to say to
   them?

   ....

   이렇게 써 봐요!

   취업 준비하느라 고생 많았고 원하는 회사에 취업하게 되어서 정말 축하해!

✏ _____ 아(야), 축하해!

앞의 질문을 떠올리며 써 보세요. 너무 어렵다면 아래에 있는 선생님의 예시 글을 따라 써도 좋아요!

ⓥ 한국어 한 조각 선생님은 이렇게 썼어요.

현 선생님

동생이 원하던 회사에 취업을 했어요. 제가 보기에는 아직 어린아이 같은 모습이 그대로인데 사회생활을 시작한다는 게 신기해요. 그래서 동생에게 취업 선물을 해 줄까 해요. 회사에 다니면 정장을 많이 입을 테니까 넥타이를 선물하면 좋을 것 같아요. 제가 선물해 준 넥타이를 매고 회사에 잘 적응하면 좋겠어요. 그리고 동생에게 이렇게 이야기해 주고 싶어요. 그동안 고생 많았다! 취업 축하하고 항상 응원할게!

★ 〈부록〉에서 한국어 한 조각 선생님이 쓴 다른 글도 살펴볼까요?

 단어 모아보기

원하다 to want   취업하다 to get a job   그대로이다 to be exactly the same
사회생활 one's career   적응하다 to adapt to   응원하다 to support

더 알아보기 ★ 한 조각 더

🔍 상황에 맞는 다양한 한국어 축하 표현

생일부터 입학, 졸업, 결혼 등 다양한 상황에서 한국어로 어떻게 축하 인사를 전할까요? 한국어는 높임말과 반말, 격식체와 비격식체가 있어서 상황과 상대방에 따라서 쓰는 표현들이 달라요. 높임말은 나보다 나이가 많거나 지위가 높은 사람에게 쓰고, 반말은 나와 나이가 같거나 어린 사람 또는 지위가 비슷하거나 낮은 사람에게 쓰는 표현이에요. 격식체는 보통 회사나 행사와 같은 공식적인 상황에서 쓰고, 비격식체는 일상생활과 같은 사적인 상황에서 쓰는 표현이에요. 그럼 상황에 맞는 다양한 한국어 축하 표현을 알아봐요!

생일
반말: 생일 축하한다! 행복한 생일 보내!
높임말: 생신을 축하드립니다. 행복한 생신이 되시기를 바랍니다.

입학
반말: 입학 축하해! 꽃길만 걸어!
높임말: 입학을 축하합니다. 당신의 새로운 시작을 응원합니다!

졸업
반말: 졸업 축하해! 앞으로 더 나아가길 바라!
높임말: 졸업을 축하합니다. 또 다른 시작에 늘 행운이 함께하기를 바랍니다.

취업
반말: 취업 축하한다! 나중에 월급 받으면 한턱 쏴!
높임말: 취업을 축하드립니다. 당신의 새 출발을 응원합니다.

결혼
반말: 결혼 축하한다! 행복하게 잘 살아!
높임말: 결혼을 진심으로 축하드립니다. 두 분의 앞날에 항상 행복한 일만 가득하기를 바랍니다.

💡 외국인들이 많이 사 가는 쇼핑 품목

쇼핑의 천국, 한국! 한국으로 여행 온 외국인들이 많이 사 가는 물건이 있어요. 한국에 오면 꼭 아래의 물건들을 사 가세요! 그리고 주변 사람들에게 선물하면 더욱 좋겠죠?

1. 화장품

한국 화장품은 두말하면 잔소리죠? 한국 화장품은 질이 좋은 데다가 가격도 저렴해서 외국인들이 꼭 사 가는 물건 중 하나예요. 또 포장도 귀여워서 선물로도 많이 구매해요.

2. 밥솥

편리하게 밥을 지을 수 있는 밥솥이 해외에서 큰 인기를 끌고 있어요. 특히 기능을 말로 설명해 주는 음성 지원이 되는 밥솥은 외국인들 사이에서 특히 인기가 더 많다고 해요.

3. 편의점 음식(빵, 과자, 라면 등)

한국에는 편의점이 많은데 거기에 가면 각 편의점 브랜드에서 직접 개발하여 만든 과자와 라면 등의 음식이 있어요. 그 종류가 아주 다양하고 독특해서 한국인들뿐만 아니라 외국인들에게도 인기가 많아요.

4. 캐릭터 상품

한국에는 귀여운 캐릭터가 많아서 캐릭터 매장에 가면 외국인들이 많이 있어요. 그 중에서도 캐릭터가 그려진 문구용품, 양말, 액세서리가 인기가 많아요.

5. K-pop 용품

한국에 여행을 오는 외국인들 중 대부분이 K-pop에 관심이 많아요. 그래서 자기가 좋아하는 K-pop 아이돌과 관련된 물건(굿즈, goods)을 사 가는 사람들이 많아요. 아이돌의 앨범부터 응원봉, 필통, 지갑, 컵까지 다양한 상품들이 있어요.

PART 5

감정

❶
기쁨

최고의 행운

여러분은 행운이 뭐라고 생각하나요? 갑자기 좋은 일이 생기는 것? 복권에 당첨되는 것? 길에서 우연히 좋아하는 사람을 마주치는 것? 여러분이 기대하지도 않은 일이 이루어진다거나 이루기 어렵다고 생각한 일이 갑자기 잘 풀렸을 때, 마치 누군가 마법을 부린 것 같지 않나요? 어쩌면 우리도 모르는 사이에 우리 인생에 수많은 행운이 있지 않을까요? 마치 여러분이 우리 한국어 한 조각을 만난 것처럼요. ^^

What do you think luck is? Is it something good that happens all of a sudden? Is it winning the lottery? Or running into that person you like on the street? Doesn't it feel like someone cast a magic spell when something you didn't expect to happen, or that you thought would be difficult, suddenly works out? Maybe there is luck all around us, happening in our everyday lives that we don't even notice. Every chance encounter is lucky, including the day you met A Piece of Korean.

쓰기 ★ 준비해 봐요!

💡 어떤 것이 여러분에게 더 행운이에요?

1. 복권에 당첨되어서 (한 번에 100억 원을 / 매달 500만 원씩) 받는 것

2. (내가 / 내 주변 사람이) 건강하게 오래 사는 것

3. 내가 좋아하는 사람이 (행복하게 사는 것 / 나를 좋아하는 것)

4. (SNS 팔로워가 100만 명인 유명인이 되는 것 / 지금처럼 평범하게 사는 것)

🗨 표현 ★ 한 조각

A/V-(으)ㄹ 만큼(정도로): 뒤에 오는 말이 앞에 오는 말과 비례하거나 비슷한 정도 혹은 수량임을 나타낸다.

An expression used to indicate that whatever is being said is proportionally similar in either level or quantity with whatever came before.

─ 예문 ─
- 멀리 떠난 친구가 죽을 만큼 보고 싶어요.
- BTS의 노래는 전 세계 모든 사람들이 알 정도로 유명해요.

1. 복권에 당첨되면 가장 하고 싶은 일이 뭐예요?
   What would you do if you won the lottery?

이렇게 써 봐요!
   • 많은 한국 사람의 꿈처럼 집을 사고 싶어요.
   • 세계 지도를 보고 가장 먼저 눈에 들어오는 나라로 떠나고 싶어요.

2. 가장 듣기 좋은 말이 뭐예요?
   What are some of your favorite words to hear?

3. 최근에 가장 많이 웃었던 적은 언제예요?
   When was the last time you laughed the hardest?

4. 살면서 지금까지 가장 기뻤던 적은 언제예요?
   What was the happiest time in your life so far?

이렇게 써 봐요!
   조카가 태어났을 때 처음으로 눈물이 날 만큼 기쁘고 신기했어요.

✎ 최고의 행운 – 가장 행복했던 순간은 언제예요?

앞의 질문을 떠올리며 써 보세요. 너무 어렵다면 아래에 있는 선생님의 예시 글을 따라 써도 좋아요!

Ⓥ 한국어 한 조각 선생님은 이렇게 썼어요.

이 선생님

저는 대학원에 좀 늦게 들어간 편이에요. 그래서 대학원을 졸업하고 취업을 준비할 때 나이가 많아서 걱정이 많았어요. 그런데 졸업 후에 원하던 학교에서 수업을 하게 됐어요. 대학원 시절, 그 학교에서 강의를 들으면서 정말 좋은 학교라고 생각했거든요. 그래서 꼭 거기에서 일하고 싶었는데 마침 수업 제안을 받은 거예요. 그날 그 전화를 받고 눈물이 날 만큼 행복했어요.

★ 〈부록〉에서 한국어 한 조각 선생님이 쓴 다른 글도 살펴볼까요?

✈ 단어 모아보기

대학원 a graduate school　취업 seeking employment　시절 days　제안 a proposal

더 알아보기 ★ 한 조각 더

🔍 행운의 상징, 복이 들어와요!

여러분은 행운에 관련된 미신이나 부적 같은 것을 믿으세요? 네잎클로버를 찾으면 행운이 온다든지 하는 것들이요. 이런 이야기는 사실 과학적인 근거가 전혀 없지요. 하지만 그럼에도 불구하고 네잎클로버를 찾으면 기분이 좋아지지 않나요? 행운은 사람들의 기분을 좋아지게 만드는 마법이자 그 자체만으로 사람들에게 희망과 행복을 주는 것 같아요.

한국에서는 숫자 3과 7을 행운의 상징으로 여기고 있어요. 그래서 이와 관련된 표현이나 옛날이야기도 있어요. 그리고 아주 옛날부터 복주머니를 선물하면서 서로의 복(福, Luck)을 빌어 주기도 했어요. 또 해바라기 그림이나 사진을 가지고 있으면 돈이 들어온다고 생각하기도 하고요. 어떤 나라에서는 2달러짜리 지폐나 5엔짜리 동전이 행운을 가져다 준다고 믿어요.

여러분 나라에서는 어떤 것을 행운의 상징으로 생각하나요? 무엇을 가지고 있으면 행운이 들어온다고 믿나요?

❷
설렘

두근두근 내 마음

여러분의 첫사랑은 언제, 어떤 사람이었나요? 그때의 두근거리는 마음이 기억 나나요? 누군가를 사랑하고 좋아해도 가슴이 두근거리고, 여행을 가기 전이나 새로운 일을 시작하기 전에도 가슴이 두근거려요. 또 언제 가슴이 두근거리나 요? 이런 기분 좋은 설렘과 떨림을 생각하면서 글을 써 봐요.

When and with who did you share your first love? Do you remember how it made your heart flutter? Falling in love or having a crush can make your heart tremble the same way it does before you go on a trip or start something new. What are some other times that your heart is pounding in your chest with excitement? Try writing with this pleasant feeling of excitement and thrill in mind.

💡 여러분의 첫 연애 경험을 생각해 보세요.

1. (내가 / 그 사람이) 고백했다.

2. 그 사람은 (동갑 / 연하 / 연상)이었다/였다.

3. 내가 그 사람에게 준 (편지 / 선물 / 문자 메시지 / ____)을/를 기억하고 있다.

4. 그 사람이 내게 준 첫 번째 선물은 (   )이었다/였다.

5. 헤어지고 나서 연락을 (한다 / 안 한다).

🌑 표현 ★ 한 조각

얼마나 A-(으)ㄴ지/V-는지 모르다: 어떤 상태나 행위를 강조해서 말할 때 사용한다.

An expression used to strongly emphasize the condition or action that is being described.

> **예문**
> • 그 사람은 얼마나 똑똑한지 몰라요.
> • 저는 '부산행'을 좋아해서 그 영화를 얼마나 많이 봤는지 몰라요.

한 줄 쓰기 ★ 두 조각

1. 주로 언제 가슴이 설레요?

   What makes your heart flutter usually?

   이렇게 써 봐요!

   기다리던 영화가 개봉했을 때 설레요.

2. 요즘 가장 기대하는 일이 뭐예요?

   What is the one thing you are looking forward to the most these days?

   이렇게 써 봐요!

   새로 시작한 프로젝트가 있는데 성공적으로 끝낼 수 있기를 기대하고 있어요.

3. 첫눈에 반한 적이 있어요?

   Did you ever fall in love at first sight?

   이렇게 써 봐요!

   고등학교 때 교생 실습으로 온 체육 선생님이 얼마나 멋있었는지 몰라요. 그때 첫눈에 반했어요.

4. 사랑을 위해서 어떤 것까지 해 봤나요?

   What are some of the things you have done in the name of love?

 일기 쓰기 ★ 세 조각

✏️ 두근두근 내 마음 – 언제 내 마음이 가장 설레나요?

앞의 질문을 떠올리며 써 보세요. 너무 어렵다면 아래에 있는 선생님의 예시 글을 따라 써도 좋아요!

ⓥ 한국어 한 조각 선생님은 이렇게 썼어요.

현 선생님

제가 가장 설레는 순간은 바로 여행을 가기 전이에요. 특히 여행 가기 전날 밤에 짐을 쌀 때 얼마나 설레는지 몰라요. 여행하고 있는 내 모습을 상상하며 필요한 준비물을 하나씩 챙길 때의 두근거리고 설레는 마음과 기분은 말로 표현할 수 없을 정도로 좋아요. 내가 좋아하는 사람들과 떠나는 여행이라면 더욱더 말이 필요 없죠!

★ 〈부록〉에서 한국어 한 조각 선생님이 쓴 다른 글도 살펴볼까요?

 단어 모아보기

순간 a moment　짐을 싸다 to pack one's luggage　설레다 to feel one's heart flutter
상상하다 to imagine　준비물 the things one needs to prepare, supplies

더 알아보기 ★ 한 조각 더

🔍 한국 사람들의 마음을 울린 사랑 이야기

이번 일기는 '설렘'에 대해서 써 봤어요. '설렘'이라는 감정은 누군가를 사랑할 때 특히 더 많이 느낄 수 있지 않나요? 사랑이야말로 글로 표현하지 않아도 이해되는 감정인 것 같아요. 여기에서는 사랑에 관련된 아름다운 소설과 시를 소개하려고 해요. 조금 어렵더라도 한번 읽어 보세요! 사랑이라는 감정을 충분히 느낄 수 있을 거예요.

소설   황순원 – 소나기

이 소설은 한국 사람들이 가장 사랑하는 첫사랑 이야기가 아닐까 해요. 시골 소년과 도시 소녀의 깨끗하고 맑은 사랑 이야기예요. 어린 시절에만 느낄 수 있는 풋풋함과 가슴을 울리는 첫사랑의 감정을 느껴 보세요.

> 소녀가 속삭이듯이, 이리 들어와 앉으라고 했다. 괜찮다고 했다. 소녀가 다시 들어와 앉으라고 했다. 할 수 없이 뒷걸음질을 쳤다. 그 바람에, 소녀가 안고 있는 꽃묶음이 망그러졌다. 그러나 소녀는 상관없다고 생각했다.

시   도종환 – 접시꽃 당신

죽음을 앞둔 아픈 아내를 위해 해줄 수 있는 것이 없음에 슬퍼하면서도 아내를 사랑하는 그 애절한 마음을 시로 담았어요. 기회가 된다면 직접 찾아 읽어 보세요.

> 『접시꽃 당신』은 앞으로 죽은 아내를 그리워하며 쓴 시를 모아 엮은 시집의 이름이기도 하다. 총 4부로 구성되어 있으며, 1부에서 3부까지는 아내의 투병과 죽음, 아내에 대한 사랑과 그리움의 내용이 담겨 있고 그 외의 작품들은 4부에 모아 놓았다.

❸
슬픔

나의 슬픈 하루

눈물에는 슬플 때 흘리는 눈물, 기쁠 때 흘리는 눈물 등 여러 가지 종류가 있어요. 누군가는 억울해서 울기도 하고 또 누군가는 너무 행복해서 울기도 하지요. 여러분은 언제 마지막으로 울었나요? 그때 무슨 일이 있었어요? 만약 여러분에게 슬픈 일이나 괴로운 일이 있었다면 여기에 써 보세요. 쓰기만 해도 조금은 기분이 나아질 거예요.

There are many kinds of tears. Tears shed out of sadness; tears of joy. Some people cry when they feel wronged, while others cry when they are overwhelmed with happiness. When was the last time that you cried? What happened that caused it? If you had any sad or painful experiences, write them down here. Just the act of writing will make you feel a little better.

쓰기 ★ 준비해 봐요!

💡 **여러분은 언제 눈물이 나요?**

📝 길에서 넘어졌을 때 / 몸이 아플 때 / 소중한 사람과 이별할 때

1. ....

2. ....

3. ....

4. ....

5. ....

➕ 표현 ★ 한 조각

N 때문에: 어떤 일의 원인이나 이유를 나타낸다.

An expression used to indicate the cause or reason for something.

> **예문**
> • 여자 친구 때문에 고민이 많아졌어요.
> • 서류 준비 때문에 요즘 너무 바빠요.

1. 눈물이 많은 편이에요?

   Do you cry often?

   ....

2. 언제 마지막으로 울었어요?

   When was the last time you cried?

   ....

   이렇게 써 봐요!

   일주일 전에 남자 친구 때문에 울었어요.

3. 슬플 때 어떻게 해요?

   What do you do when you're sad?

   ....

   이렇게 써 봐요!

   슬픈 노래나 슬픈 영화를 보면서 슬픈 감정을 더 느껴요.

4. 살면서 지금까지 가장 슬펐던 일이 뭐예요?

   What was the saddest thing in your life?

   ....

   이렇게 써 봐요!

   가고 싶었던 대학교에 떨어졌을 때 너무 슬퍼서 엉엉 울었던 기억이 나요.

✏ 나의 슬픈 하루 – 눈물이 많은 편이에요? 가장 슬펐던 순간은 언제예요?

앞의 질문을 떠올리며 써 보세요. 너무 어렵다면 아래에 있는 선생님의 예시 글을 따라 써도 좋아요!

👁 한국어 한 조각 선생님은 이렇게 썼어요.

이 선생님

어렸을 때 할머니께서 방학이 되면 항상 저와 언니를 서울에 있는 고모네 집에 데리고 가셨어요. 그리고 그곳에서 한 달 정도 지내면서 할머니와 함께 서울 여기저기를 구경하고 돌아다녔어요. 이렇게 할머니와의 추억이 정말 많아서 할머니께서 돌아가셨을 때 정말 슬펐어요. 며칠 동안 밥도 잘 못 먹고 눈물이 계속 났어요. 특히 어머니(할머니)를 잃은 아버지의 **모습 때문에** 마음이 더 아팠어요.

★ 〈부록〉에서 한국어 한 조각 선생님이 쓴 다른 글도 살펴볼까요?

 단어 모아보기

고모 an aunt　추억 a memory　돌아가시다 to pass away　잃다 to lose

🔍 슬픔을 이겨내는 방법

슬플 때 눈물을 흘리면 마음이 진정되면서 스트레스를 줄여 주는 효과가 있다고 해요. 아래에 한국어 한 조각 선생님들이 추천하는, '눈물을 쏙 빼는 작품'이 있어요. 작품을 감상하며 여러분의 슬픔을 이겨내 보세요.

영화 7번방의 선물 / 신과 함께 / 님아 그 강을 건너지 마오 / 워낭소리
가족 간의 사랑을 그려낸 작품을 보면 누구라도 눈물이 날 거예요. 특히 부모와 자식 사이뿐만 아니라 부부 사이, 그리고 키우던 동물까지⋯. 엉엉 울고 싶을 때 보세요.

드라마 나의 아저씨 / 달의 연인 / 무브 투 헤븐
이미 보신 분들도 많은 작품이지요? 사랑의 애절함, 인생의 쓴맛이 드라마 속에 모두 녹아 있어요. 참고로 현 선생님의 눈물 버튼 드라마는 '나의 아저씨'예요.

도서 루리 – 긴긴밤 / 최은영 – 밝은 밤 / 한강 – 소년이 온다
각각 다른 이유로 눈물이 나는 책이에요. 누구나 성장을 하면서 아픔과 어려움을 겪지요. 또 이를 이겨냈을 때 눈물이 나고요. 그리고 내가 직접 경험해 보지는 않았지만 역사 속 사건을 읽으면서 당시 사람들이 느낀 분노나 슬픔을 똑같이 느낄 때 공감의 눈물이 흐르기도 해요.

노래 양희은, 김창기 – 엄마가 딸에게 / 이선희 – 인연 / BTS – 봄날
'아침은 다시 올 거야. 어떤 어둠도 어떤 계절도 영원할 순 없으니까.' 가슴에 와 닿는 가사를 들으면 눈물이 안 날 수가 없을 거예요. 특히 이 선생님은 '인연'이라는 노래가 눈물 버튼이라고 해요.

❹
걱정

나의 요즘 고민

현 선생님은 무엇을 오래 고민하거나 걱정하는 편은 아니에요. 왜냐하면 고민은 오래 하면 할수록 해결 방법을 찾기 더 어려워지기 때문이에요. 그런데 고민이 있으면 혼자 해결하려고 해서 스트레스를 더 많이 받기도 해요. 여러분은 어때요? 고민이 많아요? 그 고민을 어떻게 해결해요?

Ms. Hyun is not the type to constantly worry or stress out about something. Sometimes the longer she thinks about something, the harder it can become to find a solution. Yet, when she has a problem and tries to solve it on her own, she becomes even more stressed. How about you? Do you have a lot on your mind? How do you solve your problems?

쓰기 ★ 준비해 봐요!

💡 **여러분의 고민 스타일을 골라 보세요.**

1. 점심 메뉴를 고를 때 (고민한다 / 고민하지 않는다).

2. 다른 사람에게 문자를 보내기 전에 (오래 고민한다 / 고민 없이 바로 쓴다).

3. 고민이 생기면 (혼자 생각한다 / 주변 사람들에게 말한다).

4. 다른 사람의 고민을 (잘 들어 준다 / 듣고 해결 방법을 찾아준다).

5. 사람들의 조언을 (듣고 결정을 바꾼다 / 듣고도 결정을 바꾸지 않는다).

🌀 표현 ★ 한 조각

A/V-(으)ㄹ지 모르겠다(고민이다): 걱정이나 우려되는 내용을 나타낸다.

An expression used to express someone's uncertainty or concern over the outcome of something.

┌─ 예문 ─────────────────────────────────
• 그 사람이 제 선물을 마음에 들어 <u>할지 모르겠어요</u>.
• 어떤 회사에 들어가야 <u>좋을지 고민이에요</u>.
└──────────────────────────────────────

1. 최근에 여러분을 가장 괴롭게 한 일이 뭐예요?

What have you done recently that has caused you the most pain or difficulty?

....

이렇게 써 봐요!

다이어트 중인데 지나가면서 본 떡볶이가 너무 맛있어 보여서 괴로웠어요.

2. 고민이 있을 때 누구에게 가장 먼저 이야기해요?

Who do you usually talk to first when you have a problem?

....

이렇게 써 봐요!

저는 고민이 있어도 아무에게도 얘기하지 않아요.

3. 요즘 가장 큰 고민이 뭐예요?

What is your biggest concern these days?

....

이렇게 써 봐요!

외국에 나가서 살아 보고 싶은데 저에게 외국 생활이 맞을지 모르겠어요.

4. 그 고민을 어떻게 해결할 수 있을까요?

How can solve that problem?

....

✏️ **나의 요즘 고민 – 요즘 가지고 있는 고민과 걱정은 뭐예요?**

앞의 질문을 떠올리며 써 보세요. 너무 어렵다면 아래에 있는 선생님의 예시 글을 따라 써도 좋아요!

ⓥ **한국어 한 조각 선생님은 이렇게 썼어요.**

현 선생님

요즘 저의 고민은 하고 싶은 게 너무 많다는 거예요. 공부도 하고 싶고, 일도 하고 싶고, 경험도 다양하게 쌓고 싶은데 다 할 수 없다는 게 너무 아쉬워요. 이 중 한 가지를 선택해야 하는데 어떤 것을 선택해야 할지 잘 모르겠어요. 그래서 저는 이런 고민이 있을 때마다 부모님과 이야기를 나눠요. 나를 가장 잘 아는 사람은 부모님이시니까요. 그래서 부모님과 충분히 상의한 후에 선택하려고 해요. 고민할 때는 어렵지만 결정을 하면 어떤 선택이든 잘할 자신이 있어요!

★ 〈부록〉에서 한국어 한 조각 선생님이 쓴 다른 글도 살펴볼까요?

✈️ **단어 모아보기**

경험을 쌓다 to gain experience   **상의하다** to discuss

자신이 있다 to have confidence in oneself

더 알아보기 ★ 한 조각 더

🔍 **고민을 말할 때**

다른 사람에게 고민을 어떻게 이야기하고, 다른 사람의 고민에 어떻게 조언해 주면 좋을까요? 한국 사람들이 많이 하는 고민과 그에 대한 조언을 같이 들어 볼까요?

〈 질문하기   등록

[30대/여/직장인] 돈을 모으기 어려운데 어떻게 하면 모을 수 있을까요?

→ 조언: 우선 돈을 어디에 쓰는지 확인해 보고 줄일 수 있는 것부터 줄이는 게 어때요?

[30대/남/직장인] 지금 회사가 마음에 안 드는 건 아닌데, 새로운 회사에서 스카우트 제의를 받았음. 너라면 어떻게 할래?

→ 조언: 대박! 일단 스카우트 조건부터 들어 보는 게 좋을 것 같아.

[20대/여/대학생] 대학교 전공을 잘못 선택한 것 같아요. 저와 맞지 않아요. 다시 시작할 수 있을까요?

→ 조언: 정말 다시 시작하고 싶다면 세상에 늦은 일은 없다고 생각해요.

[20대/남/대학생] 대학교 졸업 후에 해외로 유학을 가고 싶은데 취업이 늦어질 것 같아서 고민이 돼요. 졸업하고 바로 취업을 해야 할까요?

→ 조언: 직접 경험해 보고 결정하는 게 좋을 것 같아요. 유학을 다녀온 뒤에 하고 싶은 일을 해도 늦지 않아요. 유학을 다녀온 선배의 조언을 들어 보지 그래요?

❺
후회

최악의 하루

매일매일이 행운으로 가득하고 행복하기만 할 수는 없겠죠. 어떤 날에는 매우 힘들고 낙담한 적도 있을 거예요. 하지만 그런 날도 모두 우리의 하루이자 인생 인걸요. 그런 부정적인 기억을 꼭꼭 숨겨 두지 말고 차분히 돌아보면서 글로 써 보면 어떨까요? 힘들고 괴로운 일은 훌훌 털어 버리고 다시 밝은 내일을 향해 가 봅시다!

Not every day can be full of good fortune and happiness. At least one day must have left you feeling exhausted and discouraged. But even days like those make up the days of our lives. Instead of hiding your negative memories deep down, why not calmly look back over them and try writing about them? Shake off the difficult and stressful things in life and look forward to a brighter tomorrow!

쓰기 ★ 준비해 봐요!

💡 이런 경험이 있다! 없다!

1. 공공장소에서 넘어져서 부끄러웠던 적이 (있다 / 없다).

2. 비가 많이 오는 날 우산이 없어서 비를 맞으며 걸은 적이 (있다 / 없다).

3. 누군가 내 물건을 훔쳐간 적이 (있다 / 없다).

4. 좋아하던 상대에게 고백했다가 거절당한 적이 (있다 / 없다).

5. 이유도 모른 채 헤어지자는 말을 들은 적이 (있다 / 없다).

6. 시험 등에서 불합격한 적이 (있다 / 없다).

표현 ★ 한 조각

V-(으)ㄹ걸 그랬다: 과거에 했으면 좋았을 일 또는 하지 않은 어떤 일에 대해 조금 후회함을 나타낸다.

An expression used to indicate the slight feeling of regret someone has for not doing something that they may have wanted to do.

> **예문**
> • 파티 손님을 위해 음식을 더 많이 <u>만들걸</u> 그랬어요.
> • 그 사람에게 전화하지 <u>말걸</u> 그랬어요.

한 줄 쓰기 ★ 두 조각

1. 남들에게 말하지 못하는 창피한 일이 있었어요?
   Was there ever anything so embarrassing you couldn't tell anyone about it?

   이렇게 써 봐요!

   지각을 할까 봐 급하게 옷을 입고 나왔는데 옷을 거꾸로 입어서 지나가는 사람이 말해 줬어요.

2. 과거에 있었던 일 중 지우고 싶은 순간이 있어요?
   Was there a moment in the past that you wished you could erase?

   이렇게 써 봐요!

   딱히 없어요. 저는 지난 일은 잘 잊어버려서 지우고 싶은 과거가 떠오르지 않아요.

3. 타임머신을 타고 과거로 돌아가서 바꾸고 싶은 일이 있어요?
   If you could go back to the past in a time machine, is there anything that you would want to change?

   이렇게 써 봐요!

   고등학교 3학년 때로 돌아가서 대학교 전공을 바꿔서 지원해 보고 싶어요.

4. 살면서 지금까지 가장 후회되는 일이 뭐예요?
   What do you regret the most in life so far?

   이렇게 써 봐요!

   예전에 남자 친구와 헤어질 때 나쁜 말을 한 적이 있어요. 그렇게 나쁘게 말하지 말걸 그랬어요.

✏️ **최악의 하루 – 가장 후회되는 일은 뭐예요?**

앞의 질문을 떠올리며 써 보세요. 너무 어렵다면 아래에 있는 선생님의 예시 글을 따라 써도 좋아요!

Ⓥ **한국어 한 조각 선생님은 이렇게 썼어요.**

이 선생님

제가 대학교에 다닐 때였어요. 팀 발표의 발표자 역할을 맡은 적이 있었는데 발표가 무사히 끝나고 다른 학생들이 질문을 하는 시간에 한 학생이 질문을 했어요. 사실 저도 잘 모르는 내용이었는데 그때 발표를 잘해야 한다는 욕심 때문에 말도 안 되는 이상한 말을 하며 잘난 척을 했어요. 지금도 그때만 생각하면 부끄럽고, 제 인생에서 지워버리고 싶어요. 그렇게 행동하지 말걸 그랬어요.

★ 〈부록〉에서 한국어 한 조각 선생님이 쓴 다른 글도 살펴볼까요?

✈️ **단어 모아보기**

발표 a presentation　　발표자 a presenter　　욕심 greed　　잘난 척을 하다 to show off

더 알아보기 ★ 한 조각 더

후회와 관련된 명언

지나간 일을 계속 생각하고 후회하며 살 필요는 없겠죠? 후회되는 마음이 들 때 아래의 명언을 읽어 보세요. 명언을 읽으며 용기도 가지고 희망도 얻으면서 여러분의 마음을 달래 보세요.

1. 이미 끝난 일을 말하여 무엇하며, 이미 지나간 일을 비난하여 무엇하리.

> Things that are done, it is needless to speak about...things that are past, it is needless to blame.
>
> – 공자

2. 오늘 할 수 있는 일을 내일로 미루지 말라.

> Never leave that 'till tomorrow which you can do today.
>
> – 벤자민 프랭클린

3. 절대 후회하지 말라. 좋은 일이라면 그것은 멋진 것이다. 나쁜 일이라면 그것은 경험이 된다.

> Never regret. If it's good, it's wonderful. If it's bad, it's experience.
>
> – 빅토리아 홀트

4. 절대 어제를 후회하지 말라. 인생은 오늘의 나 안에 있고 내일은 스스로 만드는 것이다.

> Never regret yesterday. Life is in you today, and you make your tomorrow.
>
> – 론 허바드

💡 나도 써 보자, 한글로 시 쓰기!

PART 5에서는 여러 감정을 다루면서 일기를 써 봤어요. 여러분의 마음을 잘 들여다보았나요? 그런데 이렇게 여러분 안에 가득 찬 감정을 표현하는 데에는 '시(poem)'만한 것이 없어요. 한국의 유명한 시인들이 남긴 시를 감상하고 여러분만의 감정을 시로 표현해 보세요.

윤동주 - 서시
 별을 노래하는 마음으로
 모든 죽어가는 것을 사랑해야지
 그리고 나한테 주어진 길을
 걸어가야겠다.

백석 - 나와 나타샤와 흰 당나귀
 가난한 내가
 아름다운 나타샤를 사랑해서
 오늘 밤은 푹푹 눈이 나린다.

김춘수 - 꽃
 내가 그의 이름을 불러 주었을 때
 그는 나에게로 와서
 꽃이 되었다.

PART 6

꿈과 미래

❶
꿈

어렸을 때 뭐가 되고 싶었어요?

여러분은 어렸을 때 꿈이 뭐였나요? TV에서 대통령이 나오면 우리의 꿈은 대통령이 되었다가도 길에서 경찰관을 마주치면 꿈이 금세 경찰관으로 바뀌었죠. 또 학교에서 선생님을 만나면 선생님이 되어야겠다는 꿈을 꾸지 않으셨나요? 오늘은 어릴 적 여러분의 꿈에 대해서 이야기해 보고 지금은 그 꿈이 어떻게 달라졌는지 글로 써 봐요.

What was your dream when you were young? Whenever the president appeared on TV, our dream was to become the president, but whenever we saw a police officer on the street, our dream changed to becoming a police officer. Again, didn't you ever dream of becoming a teacher after meeting your teacher at school? Today, let's talk about your childhood dream and write about how it is different from now.

💡 어렸을 때의 장래희망 1, 2, 3순위를 써 보세요.

예 1순위: 과학자	1순위: _____
2순위: 경찰관	2순위: _____
3순위: 가수	3순위: _____

표현 ★ 한 조각

A/V-아/어야겠다: 앞의 말이 나타내는 행동에 대한 강한 의지를 나타내거나 그 행동을 할 필요가 있음을 완곡하게 말할 때 사용한다.

An expression used to indicate somebody's strong will and intention to do what is mentioned in the preceding statement, or to express the necessity of it.

예문
- 다리가 아프니까 좀 쉬어가야겠어요.
- 가: 다음 주에 시험이 있어요.
  나: 그럼 시험공부를 열심히 해야겠어요.

1. 어렸을 때 꿈이 뭐였어요?
   What was your childhood dream?

   _____

   이렇게 써 봐요!

   저는 어렸을 때 아픈 동물을 치료해 주는 수의사가 되어야겠다고 생각했어요.

2. 여러분의 꿈과 진로에 영향을 준 사람이 있어요?
   Is there any person that influenced your dream or career?

   _____

   이렇게 써 봐요!

   중학교 3학년 때 담임 선생님과 자주 상담을 했는데 제가 진로를 잘 선택할 수 있도록 많이 도와주셨어요.

3. 어릴 적 꿈과 현재 꿈이 달라졌어요?
   Has your current dream changed from your childhood dream?

   _____

4. 여러분의 롤 모델(role-model)이 누구예요?
   Who is your role model?

   _____

   이렇게 써 봐요!

   제 롤 모델은 배구 선수 김연경이에요. 김연경 선수는 항상 최선을 다하거든요. 저도 김연경 선수처럼 뭐든지 열심히 해야겠다고 다짐하곤 해요.

✏️ 어렸을 때 뭐가 되고 싶었어요?

앞의 질문을 떠올리며 써 보세요. 너무 어렵다면 아래에 있는 선생님의 예시 글을 따라 써도 좋아요!

✔️ 한국어 한 조각 선생님은 이렇게 썼어요.

현 선생님

어렸을 때 저의 롤 모델은 테레사(Teresa) 수녀였어요. 가난하고 어려운 사람들을 위해 평생 봉사하는 모습이 정말 멋있다고 생각했거든요. 그래서 저는 테레사 수녀처럼 어려운 사람들을 도와줄 수 있는 직업이 뭐가 있을까 고민하다가 아픈 사람을 치료해 주는 의사가 되어야겠다고 생각했어요. 시간이 지나면서 꿈은 달라졌지만 어려운 사람들을 도와주면서 살아야겠다는 마음은 여전히 가지고 있어요.

★ 〈부록〉에서 한국어 한 조각 선생님이 쓴 다른 글도 살펴볼까요?

단어 모아보기

테레사 수녀 Mother Teresa　가난하다 to be poor　평생 lifetime
봉사하다 volunteer(to help other)　치료하다 to treat

더 알아보기 ★ 한 조각 더

 대한민국 학생들의 장래희망 변화

한국의 초등학생, 중학생, 고등학생들은 어떤 직업에 관심이 있을까요? 물론 시대에 따라 학생들이 희망하는 직업은 조금씩 달라져 왔지만 특히 코로나19 이후에 학생들의 장래희망에 변화가 생겼어요.

1. 초등학생

   초등학생들의 장래희망 1순위는 운동선수예요. 그리고 몇 년 전까지만 해도 교사가 2순위였지만 코로나19 이후에는 의사가 2순위를 차지했어요.

2. 중학생

   중학생들의 장래희망 순위는 몇 년 동안 큰 변화 없이 1순위 교사, 2순위 의사, 3순위 경찰관이에요.

3. 고등학생

   고등학생의 장래희망 1순위는 중학생과 마찬가지로 교사예요. 그러나 초등학생·중학생과는 다르게 2020년부터 간호사가 2위를 차지했어요. 코로나19의 영향을 받은 결과라고 할 수 있죠. 또 요즘은 로봇, AI, 빅데이터 등 4차 산업 혁명과 관련된 새로운 직업들도 등장하고 있어요. 기술이 점차 발전하면서 앞으로 더욱더 다양한 직업들이 나올 거라고 예상돼요.

초등학생			
순위	2019년	2020년	2021년
1	운동선수	운동선수	운동선수
2	교사	의사	의사
3	크리에이터	교사	교사
4	의사	크리에이터	크리에이터

고등학생			
순위	2019년	2020년	2021년
1	교사	교사	교사
2	경찰관	간호사	간호사
3	간호사	생명·자연 과학자 및 연구원	군인
4	컴퓨터공학자 /소프트웨어 개발자	군인	컴퓨터공학자 /소프트웨어 개발자

❷
직업

돈과 워라밸(Work-life balance)

여러분은 직업을 선택할 때 가장 중요하게 생각하는 것이 있나요? 최근 한국은 일과 삶의 균형을 뜻하는 '워라밸'을 중요하게 생각하는 사람들이 많아지고 있어요. 비록 돈은 적게 벌더라도 근무 시간과 휴일, 휴가가 보장되는 회사에서 내가 하고 싶은 일을 하면서 살기를 원하죠. 여러분은 직업을 선택할 때 돈과 워라밸 중에서 어떤 것이 더 중요하다고 생각하나요? 오늘은 일과 삶의 균형에 대해서 같이 생각해 봐요!

What do you think is the most important thing when choosing a job? Recently Korea has seen more and more people thinking about the importance of something called "Wolabal," which is short for "Work-life balance." Even if the pay is lower, people want to work doing what they love at a company that guarantees their working hours and vacation time. Which do you think is more important when choosing between money and Wolabal? Today, let's think together about Work-life balance.

💡 여러분이 꿈꾸는 워라밸은 무엇인가요?

1. (수요일 / 금요일)에 쉬는 주 4일제

2. 퇴근 후 (운동 / 외국어 공부) 꾸준히 하기

3. 휴일에는 (가까운 곳으로 짧게 여행가기 / 집에서 푹 쉬기)

4. 일은 (회사에서만 해야지 / 가끔은 집에서 해도 괜찮지)!

🎵 표현 ★ 한 조각

A/V-더라도: 앞에 오는 말을 가정하거나 인정하지만 뒤에 오는 말에는 관계가 없거나 영향을 끼치지 않음을 나타낸다.

An expression used when somebody assumes or recognizes what they are saying is true, but wants to show that it has no correlation to or does not influence what follows.

예문
- 바쁘더라도 아침을 꼭 드세요.
- 저는 무슨 일이 있더라도 꿈을 포기하지 않을 거예요.

1. 직업을 선택할 때 중요한 것은 뭐라고 생각해요?

   What things are important when choosing a job?

   이렇게 써 봐요!

   돈을 적게 주더라도 괜찮으니까 복지가 좋았으면 좋겠어요.

2. 여러분 나라의 사람들이 생각하는 꿈의 직장은 어디예요?

   What do people in your country think a dream workplace looks like?

   이렇게 써 봐요!

   (한국) 삼성이나 LG 같은 대기업도 있고 한국거래소나 한국은행 같은 공기업도 있어요.

3. 딱 하루만 원하는 직업으로 살 수 있다면 뭐가 되고 싶어요?

   If you could have your dream job for just one day, what would it be?

   ---

4. 10년 후 여러분의 모습을 상상해 보세요.

   Imagine what you will look like in ten years.

   이렇게 써 봐요!

   제 꿈은 영화감독인데 제 이야기를 담은 영화를 만들어서 우리나라에서 유명한 감독이 되면 좋겠어요!

✏️ 돈과 워라밸(Work-life balance) - 직업을 선택할 때 중요한 것은 뭐예요?

앞의 질문을 떠올리며 써 보세요. 너무 어렵다면 아래에 있는 선생님의 예시 글을 따라 써도 좋아요!

Ⓥ **한국어 한 조각 선생님은 이렇게 썼어요.**

이 선생님

인생에서 돈이 중요하지 않다고 누가 말할 수 있겠어요. 하지만 저는 돈보다 중요한 게 더 많다고 생각해요. 흔히 '먹고살 만큼'의 돈만 있으면 된다고 하는데 저 또한 그 정도의 돈만 벌면서 여가 시간이 충분한 삶을 살고 싶어요. 아무리 돈이 많더라도 돈을 쓸 시간이 없다면 무슨 소용이겠어요? 또 아무리 좋은 회사에 다니더라도 매일 야근을 해야 한 다면 전혀 행복하지 않을 것 같아요.

★ 〈부록〉에서 한국어 한 조각 선생님이 쓴 다른 글도 살펴볼까요?

 단어 모아보기

흔히 commonly   먹고살다 live off of   삶 life, an existence   소용 a use
야근 to work overtime

워라밸과 주 4일 근무제

요즘 한국에서는 워라밸이라는 단어를 많이 들을 수 있어요. 워라밸이 좋다는 말은 일과 삶의 균형이 잘 맞춰져 있다는 뜻이에요. 요즘 세대는 사회적 성공보다 자신의 생활과 삶이 더 중요하다고 생각해서 돈을 적게 벌더라도 삶의 행복을 추구하고 있어요.

이렇게 워라밸을 추구하는 목소리들이 많아지자 최근에는 일주일에 4일만 일을 하는 '주 4일 근무제'도 논의되고 있는데요. 한 설문 조사에 따르면 성인남녀 10명 중 8명은 주 4일 근무제에 대해서 긍정적으로 답변했다고 해요. 그 이유로는 일을 할 때는 열심히 일을 하고, 쉴 때는 푹 쉴 수 있는 워라밸을 지킬 수 있기 때문이라는 답변이 높은 비율을 차지했어요.

하지만 걱정되는 부분도 있죠. 바로 월급(임금)에 대한 부분인데요. 주 4일만 일하게 되면 자연스럽게 월급이 줄어들 수밖에 없어요. 그래서 실제 설문 조사 결과에서도 주 4일 근무를 실시하는 직장에 입사하는 것과 주 4일 근무에 따라 월급이 줄어드는 것에 대한 의견의 차이가 있었어요. 주 4일 근무를 실시하는 직장에 입사하는 것에 대해서는 89.4%가 입사를 고려(생각)해 보겠다고 했지만 월급이 줄어드는 것에 대해서는 이들 중 72.3%만 받아들일 수 있다고 했어요.

세계 곳곳에서 주 4일 근무제를 시범 운영을 하고 있는 나라도 있다고 하는데요. 위의 설문 조사 결과를 보니, 아직 한국에서는 실제로 이 제도가 실시되려면 많은 시간이 필요할 것 같아요. 그러나 가까운 미래에 실제로 이 제도가 실시된다면 우리의 삶은 어떻게 달라질지 기대가 돼요.

❸
목표

올해 나의 목표는 뭐예요?

매년 1월 1일이 되면 다이어리에 올해 목표를 빼곡하게 적었던 것을 기억하시나요? 반년이 지나고 다이어리를 다시 보았을 때 몇 개의 목표를 이뤘나요? 이루지 못한 것이 많아 실망했나요? 실망하지 마세요! 목표는 높게 잡아야 그 목표와 더 가까워질 수 있다는 말이 있잖아요. 여러분의 올해 목표는 무엇인가요? 같이 이야기해 봐요!

Do you remember the New Year's resolutions you wrote down in your diary for January 1st every year? Looking at your diary half a year later, how many of those goals have you accomplished? Were you disappointed because there were many that you didn't achieve? Don't be discouraged! Remember the saying that you have to set high goals to come closer to reaching them. What are your goals for this year? Let's talk together about them!

쓰기 ★ 준비해 봐요!

💡 여러분이 세운 목표를 써 보세요.

주 3회 운동하기 / 매주 한 권씩 책 읽기 / 지각하지 않기 / 일찍 자기 / 여행
하기 / 돈 모으기 / 매일 단어 10개씩 외우기 / 외국어 배우기 / 금연하기 /
_____ / _____ / _____ / _____ / _____

🎨 표현 ★ 한 조각

V-기로 하다: 앞의 말이 나타내는 행동을 할 것을 결심하거나 약속함을 나타낸다.

An expression used to indicate that someone is making a resolution or promising to do
what they are talking about.

┌─ 예문 ─────────────────────────────────────
• 저는 오늘부터 공부를 열심히 하기로 했어요.
• 저는 이번 방학 때 친구와 여행을 가기로 했어요.
└──

1. 새해 목표가 뭐였어요?

   What were your New Year's resolutions?

2. (그중에) 이룬 것이 있어요?

   (Among them) Did you achieve anything?

   이렇게 써 봐요!

   계획보다 이미 더 많은 책을 읽었어요. 운동도 꾸준히 하고 있어요.

3. (그중에) 아직 이루지 못한 것이 있어요?

   (Among them) Is there anything you haven't achieved yet?

   이렇게 써 봐요!

   스페인어를 배우고 싶었는데 바쁘다는 핑계로 아직 시작을 못 했어요.

4. 새로 생긴 목표가 있나요?

   Do you have any new goals?

   이렇게 써 봐요!

   친구와 한라산 등반을 하기로 했는데 제가 과연 할 수 있을지 모르겠어요.

✏️ 올해 나의 목표는 뭐예요?

앞의 질문을 떠올리며 써 보세요. 너무 어렵다면 아래에 있는 선생님의 예시 글을 따라 써도 좋아요!

⊙⊙⊙⊙⊙⊙⊙⊙⊙⊙⊙⊙⊙⊙

☑️ 한국어 한 조각 선생님은 이렇게 썼어요.

현 선생님

저는 올해 여가 시간을 잘 보내기 위해 건강한 생활 습관 가지기와 새로 운 취미 활동 가지기를 목표로 세웠어요. 그래서 운동도 시작하고 건강 식도 챙겨 먹으면서 건강한 생활 습관을 가지는 데에는 성공했지만 바 쁘다는 핑계로 아직 새로운 취미 활동은 시작하지 못했어요. 그래서 남 은 한 해는 바쁘더라도 자기 계발을 위해 새로운 취미를 가지기로 결심 했어요. 새로운 취미로 악기나 외국어를 배워 볼까 해요. 포기하지 않 고 목표를 이루기 위해 열심히 노력할 거예요!

★ 〈부록〉에서 한국어 한 조각 선생님이 쓴 다른 글도 살펴볼까요?

 단어 모아보기

여가 시간 free time　　**건강식** health foods　　**핑계** an excuse
자기 계발 self-improvement　　**결심하다** to make a resolution

🔍 목표 및 노력과 관련된 사자성어와 속담

한국 사람들이 자주 사용하는 목표 및 노력과 관련된 사자성어와 속담을 같이 알아봐요!

1. 용두사미

   용의 머리와 뱀의 꼬리라는 뜻으로 첫 시작은 좋았지만 끝은 좋지  않을 때 사용하는 사자성어예요. 예를 들어, 일주일에 한 권씩 책 읽기를 새해 목표로 세웠는데 얼마 지나지 않아 포기해 버린 경우 이 사자성어를 사용해요.

2. 작심삼일

   결심을 했지만 그 결심이 3일을 더 가지 못할 때 사용해요. 예를 들어, 매일 아침 7시에 일어나기로 목표를 세우고 나서 처음 3일은 잘 실천했으나 그 다음부터는 원래대로 늦게 일어나기 시작한 경우 이 사자성어를 사용해요. 그러나 작심삼일 로 끝났다고 하더라도 포기하지 말고 다시 한번 시작해 보세요!

3. 천 리 길도 한 걸음부터

   먼 길을 가더라도 첫 한 걸음이 중요하다는 말로, 무슨 일이든지 시작이 중요하다 는 뜻이에요. 예를 들어, 토픽 6급에 합격하기 위해서는 먼저 1급부터 차근차근히 공부해야 된다는 말이죠. 여러분이 세운 목표가 어려워 보이더라도 "천 리 길도 한 걸음부터"라는 속담처럼 천천히 그리고 꾸준히 하다 보면 언젠가 이룰 수 있는 날이 올 거예요!

4. 시작이 반이다

   무슨 일이든지 시작하기는 어렵지만 일단 시작하면 일을 끝내기는 어렵지 않다는 말이에요. 예를 들어, 현 선생님은 운전면허 따기가 작년 목표였는데 일이 너무 바빠서 목표를 이루지 못했어요. 그래서 올해는 목표를 이루기 위해 일단 운전 학 원에 등록을 했어요. "시작이 반이다."라는 속담처럼 운전 학원에 등록을 했다면 이미 목표의 반은 이룬 거예요! 우선 시작해 보세요!

❹
미래

버킷리스트(bucket list)가 있어요?

<버킷리스트 목록>	<나의 버킷리스트 목록>
1. 토픽 4급 합격하기	1.
2. 한국에서 부산, 제주도 여행하기	2.
3. 한국 드라마 자막 없이 보기	3.
4. 불닭볶음면 먹기	4.
5. 노래방에서 한국어 노래 부르기	5.

버킷리스트(bucket list)는 죽기 전에 꼭 해야 할 일이나 하고 싶은 일을 적은 것을 말해요. 꼭 한번 가 보고 싶은 장소에 가 보기, 해 보지 못한 일 도전하기 등 소소한 것부터 이루기 어려운 것까지 여러 가지를 적어 놓고 하나씩 이뤄가죠. 여러분은 죽기 전에 어떤 걸 꼭 이루고 싶은가요? 지금까지 이룬 버킷리스트가 있나요? 버킷리스트를 이루기 위해 어떤 노력을 하고 있나요? 한국어 한 조각 선생님들과 함께 버킷리스트를 써 봐요.

Bucket lists are a list of the things you definitely have to or want to accomplish before you die. Like visiting a place you've always wanted to go to, or trying something you've never done before. From the smaller things to things that are harder to attain, people write them down and check them off one at a time. What do you absolutely want to accomplish before you die? Is there anything on your bucket list that you have already done so far? What efforts are you making to complete your bucket list? Try writing down a bucket list with your A Piece of Korean teachers.

쓰기 ★ 준비해 봐요!

💡 여러분이 지금 당장 가고 싶은 곳, 하고 싶은 것, 먹고 싶은 것을 써 보세요.

1. 지금 가고 싶은 곳: ....

2. 지금 하고 싶은 것: ....

3. 지금 먹고 싶은 것: ....

표현 ★ 한 조각

V-기: 앞의 말이 명사의 기능을 한다.

An expression used to make the preceding word function as a noun.

예문
- 제 취미는 <u>요리하기</u>예요.
- 올해 목표: <u>운동하기</u>, TOPIK 6급 자격증 <u>따기</u>, <u>취업하기</u>
---

1. 죽기 전에 꼭 해 보고 싶은 일 3가지를 써 보세요.

Write down three things you absolutely want to do before you die.

2. (그중 하나) 왜 그 일을 하고 싶어요?

(Choose one) Why do you want to do it?

이렇게 써 봐요!

- (자서전 쓰기) 제 인생 이야기를 읽고 많은 사람이 힘을 얻으면 좋겠어요.
- (남아메리카 여행하기) 우리나라에서 제일 먼 나라에 가서 새로운 경험을 해 보고 싶어요.

3. (그중 하나) 그 일을 위해 어떤 준비를 하고 있어요?

(Choose one) What are you doing to prepare for it?

이렇게 써 봐요!

평소에 여행과 관련된 다큐멘터리를 자주 봐요.

4. 언제쯤 그 일을 할 수 있을까요?

When do you think you will be able to do it?

일기 쓰기 ★ 세 조각

✏️ 버킷리스트(bucket list)가 있어요?

앞의 질문을 떠올리며 써 보세요. 너무 어렵다면 아래에 있는 선생님의 예시 글을 따라 써도 좋아요!

Ⓥ 한국어 한 조각 선생님은 이렇게 썼어요.

이 선생님

제 버킷리스트 중 하나는 '남미 여행하기'예요. 미국이나 유럽은 가 본 적이 있고, 여행하기에도 비교적 쉬운 편이지만 남아메리카는 가 본 적도 없어요. 한국에서 갈 때 직항 비행기가 없는 데다가 오래 걸려서 여행을 가려면 마음을 먹고 가야 하는 곳이에요. 그래서 한번 가는 여행, 남아메리카에서 한 달 정도 지내고 싶어요. 평소에 접할 수 없는 색다른 문화를 체험하면서 여러 가지를 느껴 보고 싶어요.

★ 〈부록〉에서 한국어 한 조각 선생님이 쓴 다른 글도 살펴볼까요?

 단어 모아보기

남미 South America   비교적 comparatively   직항 a direct flight
접하다 to encounter   색다르다 idiosyncratic

더 알아보기 ★ 한 조각 더

🔍 버킷리스트 쓰기

버킷리스트를 왜 쓸까요? 버킷리스트에 내가 하고 싶은 일들을 쓰는 것만으로도 행복감을 느낄 수 있고, 버킷리스트를 하나씩 이룰 때 성취감과 보람도 느낄 수 있어요. 그리고 앞으로 이룰 일들에 대한 기대도 할 수 있고요. 그렇다면 버킷리스트는 어떻게 써야 할까요? 오늘은 버킷리스트를 쓰는 방법을 알려 드릴게요!

1. 생각나는 대로 쓰기
   이루기 힘든 일이 아니라 내가 하고 싶은 일을 쓰세요! 지금 떠오르는 생각을 써 보세요. 한 번에 다 쓰려고 하지 말고 생각이 날 때마다 써 보세요.

2. 항목을 나누어서 쓰기
   하고 싶은 것, 가고 싶은 곳, 갖고 싶은 것 등 카테고리를 나눠서 써 보세요! 공부, 일, 오락, 사람, 건강 등 더 자세하게 나눌 수도 있어요.

3. 실망하지 않기
   목표를 당장 이루지 못하더라도 실망하지 마세요! 버킷리스트는 숙제나 시험이 아니에요. 행복과 즐거움을 위해서 하는 일이니까 천천히 하나씩 이루어 나갔으면 좋겠어요.

🔍 2030 세대 직장 선택 기준 Top 4

사람마다 각자 생각하는 좋은 직장의 기준이 달라요. 예전에는 많은 사람이 연봉을 중요하게 생각했다면 최근 젊은 사람들 사이에서는 연봉보다 워라밸, 즉 개인의 생활이 더 중요하다고 말하는 경우가 점점 많아지고 있어요. 그렇다면 현재 한국의 20대와 30대는 직업을 선택할 때 어떤 점을 가장 중요하게 생각할까요? 2030 세대를 대상으로 '직장 선택의 기준'에 대한 설문 조사를 실시했어요.

그 결과 워라밸이 49.9%로 1위를 차지했고, 연봉이 48.9%로 2위를 차지했어요. 그 다음으로 좋은 복지 제도가 30.6%, 자유로운 업무 분위기가 20.3%로 그 뒤를 이었어요. 이를 통해 과거와 비교하여 요즘 2030 세대의 사람들은 직장을 선택할 때 워라밸을 가장 중요하게 생각하고 있다는 것을 알 수 있어요.

또한 좋은 직장이 많아지기 위해 필요한 점으로 회사 문화의 변화가 40.6%로 가장 높았으며, 워라밸 확대가 38.3%로 그 뒤를 이었어요. 직장 업무가 많으면 개인의 생활에 영향을 주어 워라밸을 지킬 수 없다 보니 2030 세대는 직장의 업무와 개인의 생활이 잘 나누어진 환경을 원하고 있고, 또 그러한 환경이 잘 갖추어진 직장을 좋은 직장이라고 생각하고 있다는 것을 알 수 있어요.

이러한 조사를 바탕으로 요즘 세대는 돈과 직업의 안정성만큼 워라밸과 개인의 생활을 중요하게 생각하고 있다는 점을 알 수 있어요.

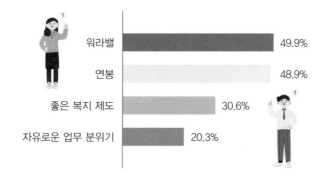

워라밸	49.9%
연봉	48.9%
좋은 복지 제도	30.6%
자유로운 업무 분위기	20.3%

PART 7

관계

❶
편지

지금 생각나는 사람에게 편지를 써 봐요!

요즘은 인터넷이 발달하면서 직접 손으로 편지를 잘 쓰지 않게 되었어요. 하지만 사랑하는 마음이나 고마운 마음을 전하고 싶을 때 손 글씨로 정성스럽게 편지를 쓴다면 그 편지를 받는 사람은 정말 기분이 좋을 거예요. 그만큼 진심이 담긴 마음을 전할 때에는 편지만한 것이 없지요. 오늘은 누군가를 생각하면서 편지를 써 볼까요?

These days, with the development of the internet, people no longer write letters by hand. However, if you take the time to affectionately write down your feelings of love or gratitude by hand, the person receiving that letter will feel great. There's nothing like a letter to relay what's deep down inside your heart. Today, try think of someone and writing a letter to them.

💡 여러분의 편지 스타일을 생각해 보세요.

1. 편지를 (쓰는 것 / 받는 것)이 좋다.

2. (긴 내용의 편지 / 간단한 카드)를 선호한다.

3. 요즘은 편지 대신에 (SNS / DM / 이메일 / 메세지)을/를 사용한다.

4. 마지막으로 편지를 쓴 때는 (   )이다.

5. 마지막으로 편지를 받은 때는 (   )이다.

표현 ★ 한 조각

V-(으)ㄹ게(요): 말하는 사람이 듣는 사람에게 어떤 행동을 하겠다고 약속하거나
다짐할 때 사용한다.

An expression used when someone is promising or notifying someone that they will do
something.

예문

- 제가 도와 드릴게요.

- 이제부터 약속 시간에 늦지 않을게요.

1. 평소에 편지를 자주 쓰나요?

   Do you write letters often?

   _____

   이렇게 써 봐요!

   저는 평소에 편지를 자주 쓰지는 않아요. 하지만 크리스마스 때 좋아하는 사람들에게는 편지를 쓰는
   편이에요.

2. 편지를 쓰고 싶은 사람을 생각해 보세요. 누구에게 편지를 쓰고 싶어요?

   Try thinking about a person you would want to write a letter to. Who do
   you want to write to?

   _____

3. 왜 그 사람에게 편지를 쓰고 싶어요?

   Why do you want to write to that person?

   _____

   이렇게 써 봐요!

   오랜만에 친구에게 안부 인사 편지를 쓰고 싶어요. 친구가 제주도로 이사를 간 뒤로 자주 못 보거든요.

4. 그 사람에게 어떤 말을 하고 싶어요?

   What do you want to say to that person?

   _____

✏️ 지금 생각나는 사람에게 편지를 써 봐요!

앞의 질문을 떠올리며 써 보세요. 너무 어렵다면 아래에 있는 선생님의 예시 글을 따라 써도 좋아요!

👁 한국어 한 조각 선생님은 이렇게 썼어요.

현 선생님

수진아! 잘 지내? 요즘 제주도 날씨는 어때? 서울은 비가 자주 와. 며칠 전에 방 정리를 하다가 예전에 너랑 찍은 사진을 봤어. 대학교 2학년 여름 방학 때 같이 유럽으로 배낭여행 간 거 기억하지? 나는 그때가 아직까지도 기억에 남아. 서로 다툰 적도 있었지만 정말 소중한 경험이었어. 지금은 서로 일하느라 바쁘지만 내가 꼭 제주도 놀러 갈게! 만나면 옛날 추억거리 나누면서 재미있는 시간 보내자!

★ 〈부록〉에서 한국어 한 조각 선생님이 쓴 다른 글도 살펴볼까요?

 단어 모아보기

배낭여행 backpacking　기억에 남다 to remember　다투다 to argue
소중하다 precious　추억거리 memories (usually good ones)

더 알아보기 ★ 한 조각 더

🔍 한국어 편지, 이렇게 써 볼까요?

❶ 받는 사람을 써요.	제니야 / 수혁아 / 지혜에게
	선생님께
❷ 간단한 인사를 해요.	안녕? 잘 지내니? 나 한조각이야.
	안녕하세요, 선생님? 저 한조각이에요.
❸ 계절 인사도 좋아요.	요즘 날이 너무 춥다.
	요즘 날씨가 갑자기 쌀쌀해졌네요. 건강하시죠?
❹ 하고 싶은 말을 써요.	
❺ 마무리 인사를 해요.	그럼 다음에 한번 만나자. 잘 지내고 있어.
	그럼 다음에 뵐 때까지 건강하게 지내세요.
❻ 보내는 사람을 써요.	20XX년 12월 31일 한조각 씀
	20XX년 12월 31일 한조각 올림

❷ 초대

우리 집으로 가자!

생일 파티처럼 축하할 일이나 좋은 일이 있을 때 친구를 집으로 초대해서 즐거운 시간을 보내기도 하지요? 그리고 꼭 축하할 일이 없더라도 친구를 집에 불러서 함께 노는 것만으로도 재미있잖아요. 만약 우리 집으로 초대한다면 누구를 초대하고 싶은지, 우리 집에서 무엇을 하면 좋을지 글로 써 보고, 여러분 나라의 초대 문화도 소개해 주세요.

You invite your friends over to your house for birthdays and over events to have a good time, don't you? Even if you have nothing to celebrate, it can be fun to call up a friend and invite them over just to hang out. If you were having people over, write about who you would want to invite and what you would do at your house. Also, introduce your country's culture of having people over.

💡 초대장을 만들어 봅시다.

_____ 에 초대합니다.

❋

일시: _____ 년 _____ 월 _____ 일 _____ 시

장소: _____

오는 방법: 버스 _____ 번 / 지하철 _____ 역

🧩 표현 ★ 한 조각

V-(으)ㄹ까 하다: 앞에 오는 말이 나타내는 행동을 할 의도가 있음을 나타낸다.

An expression used to indicate that someone is considering doing what they are talking about in the preceding statement.

예문

- 다음 휴가 때는 베트남에 <u>갈까 해요.</u>
- 소개팅에서 만난 사람을 한 번 더 <u>만날까 해요.</u>

1. 여러분의 집에 누구를 초대하고 싶어요?

   Who would you want to invite to your house?

   이렇게 써 봐요!

   불가능한 일이지만 그래도 저는 역사 속의 인물이나 책 속 인물을 <u>초대해 볼까 해요</u>.

2. 왜 그 사람을 초대하고 싶어요?

   Why would you invite them?

   이렇게 써 봐요!

   (세종대왕) 한글을 만들어 주신 것에 대해 고마움을 표현하고 싶어요.

3. 그 사람에게 무엇을 대접할 거예요?

   How would you entertain them?

   이렇게 써 봐요!

   (단짝 친구) 외국에 있어서 한국 음식을 자주 못 먹는 친구에게 한국 음식을 <u>대접할까 해요</u>.

4. 그 사람을 초대해서 무엇을 할 거예요?

   What will you do when you invite them?

우리 집으로 가자! - 누구를 초대하고 싶어요?

앞의 질문을 떠올리며 써 보세요. 너무 어렵다면 아래에 있는 선생님의 예시 글을 따라 써도 좋아요!

한국어 한 조각 선생님은 이렇게 썼어요.

이 선생님

저는 단짝 친구가 한 명 있어요. 그 친구와는 고등학교 때 처음 만나서 친해졌어요. 그런데 고등학교를 졸업하고 친구가 해외로 유학을 가면서 헤어지게 됐어요. 지금은 서로 바빠서 연락도 자주 못 해요. 그래서 만약 친구가 한국에 온다면 우리 집에 초대하고 싶어요. 그리고 친구가 해외에 사는 동안 한국 음식을 많이 그리워했을 것 같아 친구에게 한국 음식을 **대접할까 해요**. 같이 맛있는 음식도 먹고 옛날에 같이 찍은 사진을 보면서 추억도 나누고 싶어요.

★ 〈부록〉에서 한국어 한 조각 선생님이 쓴 다른 글도 살펴볼까요?

단어 모아보기

단짝 another word for "Best friend" **그리워하다** to long for

대접하다 to entertain a guest **나누다** to share with

 **더 알아보기 ★ 한 조각 더**

🔍 **한국 친구 집에 초대를 받았을 때 알아 두면 좋아요.**

여러분은 한국 친구가 있나요? 만약 한국 친구가 여러분을 집으로 초대했다면 친구의 집에 가기 전에 무엇을 알아 두면 좋을까요? 한국 사람의 집에 방문하기 전에 알아 두면 좋은 팁을 확인해 보세요.

1. 첫 방문이라면 작은 선물을 준비하자.
   다른 사람의 집에 갈 때 빈손으로 가는 것보다는 작은 선물을 준비하면 좋아요. 함께 먹을 수 있는 간식이나 디저트, 음료나 과일도 좋고 작은 화분이나 꽃도 추천해요. 요즘은 디퓨저(diffuser)도 많이 선물한다고 해요.

2. 양말은 꼭 신고 가자.
   한국에서는 집에 들어갈 때 신발을 벗어요. 신발을 벗었는데 맨발이면 조금 민망하고 곤란할 수 있겠죠? 또 발에 먼지가 묻을 수도 있고요. 그러니까 반드시 양말을 신고 가세요.

3. 집 안에 있는 모든 사람들에게 인사를 하자.
   혼자 사는 친구도 있지만 가족이나 룸메이트와 함께 살 수도 있어요. 한국에서는 특히 어른에게 인사하는 것을 무척 중요하게 생각하니까 친구가 깜빡했다면 내가 먼저 집에 누가 계신지 물어 보고 인사를 드리겠다고 하세요.

4. 먹은 것은 같이 정리하자.
   다른 사람의 집에 가게 되면 보통 음식이나 간식 등을 먹게 되지요? 나를 대접해 준 친구가 고마우니까 먹은 것을 같이 정리한다면 친구도 고마워할 거예요.

5. 너무 오래 머무르지 말자.
   친구와 함께 놀다 보면 시간 가는 줄 모를 거예요. 하지만 다른 사람의 집에서 너무 오래 있는 것은 예의가 아니니까 너무 밤늦게까지 있지 마세요.

❸
방문

초대해 줘서 고마워!

친구들이나 친한 사람들과 함께 우리 집에서 또는 친구의 집에서 파티를 하는 것은 즐거운 일이지요. 여러분은 친구의 집에 가 본 적이 있어요? 혹시 외국인 친구의 집은요? 가기 전에 어떤 것을 준비해야 하고 무엇을 조심해야 하는지 같이 생각해 볼까요?

Isn't it fun to have close friends over or go to a friend's house for a party? Have you ever been to a friend's house? What about a friend's house from overseas? How about thinking together about what you need to prepare and what to be careful about before going?

💡 언제 파티를 하면 좋을까요?

생일 / 시험이나 면접 등에 합격한 날 / 이사 / 크리스마스 / 새해 /

_____ / _____ / _____ / _____

표현 ★ 한 조각

A/V-(으)면서: 2가지 이상의 동작이나 상태가 함께 일어남을 나타낸다.

An expression used to indicate that two or more things are happening together or simultaneously.

예문

- 그 사람이 먼저 **웃으면서** 말을 걸었어요.
- 저는 <u>운전하면서</u> 음악 듣는 것을 좋아해요.

🖐 한 줄 쓰기 ★ 두 조각

1. 보통 언제 사람들을 초대해요?

   When do you usually invite people over?

   ....

2. 특별한 날에 초대를 받아 친구네 집에 가 봤어요?

   Have you ever been invited to a friend's house for a special occasion?

   ....

   이렇게 써 봐요!

   • 친구의 집들이에 초대를 받아서 가 본 적이 있어요.
   • 예전에 외국인 친구 집에 초대를 받아서 간 적이 있어요. 크리스마스 파티였어요.

3. (그때) 어떤 선물을 가지고 갔어요?

   (At that time) What kind of present did you bring with you?

   ....

   이렇게 써 봐요!

   • 집 근처 빵집에서 맛있는 빵을 사 갔어요.
   • 휴지와 세제, 그릇 선물을 사 가지고 갔어요.

4. (그때) 무엇을 했어요?

   (At that time) What did you do?

   ....

   이렇게 써 봐요!

   함께 요리하고 카드 게임도 <u>하면서</u> 재미있게 놀았어요.

✏️ **초대해 줘서 고마워! – 초대를 받아 친구네 집에 가 봤어요?**

앞의 질문을 떠올리며 써 보세요. 너무 어렵다면 아래에 있는 선생님의 예시 글을 따라 써도 좋아요!

Ⓥ **한국어 한 조각 선생님은 이렇게 썼어요.**

현 선생님

저는 얼마 전에 결혼한 친구의 신혼집 집들이에 다녀왔어요. 집들이 선물로 휴지랑 세제도 사고 예쁜 커피 잔도 준비했어요. 집들이에서는 친구가 저를 위해 한식부터 양식, 중식까지 여러 음식들로 상을 차려 줬어요. 친구가 차려 준 음식을 맛있게 먹고 집도 구경했어요. 그리고 친구의 결혼사진을 보면서 이야기도 했어요. 다음에는 제가 친구를 초대해서 맛있는 음식을 대접하고 싶어요!

★ 〈부록〉에서 한국어 한 조각 선생님이 쓴 다른 글도 살펴볼까요?

 단어 모아보기

신혼집 the house of a newlywed couple　　**집들이** a housewarming party
세제 a laundry detergent　　**상을 차리다** to prepare a huge meal

더 알아보기 ★ 한 조각 더

🔍 집들이를 아세요?

여러분의 나라에서도 이사를 하면 새집에 사람들을 초대하나요? 한국은 이사를 하면 '집들이'를 해요. 집들이는 손님을 이사한 집으로 초대해 집을 구경시켜 주고, 음식을 대접하는 것을 말해요. 그리고 집들이에 초대 받은 손님은 작은 선물을 준비해요. 한국에서는 집들이에 갈 때 준비하는 대표적인 집들이 선물이 있어요. 아래 집들이 선물의 재미있는 의미를 확인해 보고, 한국 사람의 집들이에 갈 때 준비해 보세요.

1. 휴지

   상자에 담긴 티슈 말고 화장실에서 쓰는 두루마리 휴지예요. 돌돌 말린 휴지를 풀듯, 모든 일이 술술 풀리고 잘 되기를 바라는 마음이 담겨 있어요.

2. 세제

   휴지와 마찬가지로 일이 잘 풀린다는 뜻이 있어요. 세제를 물에 넣으면 세제가 물에 풀어지면서 거품이 나요. 거품이 많이 생기는 세제처럼 좋은 일이 많이 일어나기를 바라는 마음이 담겨 있어요.

3. 향초나 디퓨저

   휴지나 세제는 전통적인 집들이 선물이에요. 그런데 요즘 젊은 사람들은 전통보다는 개성과 새로움을 찾기도 하잖아요? 그래서 새집에서 좋은 향기가 날 수 있도록 향초나 디퓨저를 선물하는 사람도 많다고 해요.

4. 술

   어른들을 위한 선물이에요. 아무래도 집들이에 가면 음식과 함께 술을 마시며 파티를 하잖아요. 그때 같이 마시면 좋겠죠. 또는 새집에서 좋은 일이 생겼을 때 친구가 가족과 축하하며 마실 수 있도록 좋은 술을 선물하기도 해요.

❹
모임

모임을 좋아해요?

모임에는 여러 종류가 있어요. 동아리도 있고, 동호회도 있고, 이 외에도 마음이 맞는 사람들끼리 모이는 것은 다 모임이라고 할 수 있어요. 다양한 모임에서 새로운 사람을 만나는 것은 참 설레는 일인 것 같아요. 모임을 통해서 취미 활동도 하고 좋은 사람들을 만나기도 하니까 모임은 장점이 참 많네요.

There are all kinds of gatherings. There are school clubs or social events—in fact, any event where like-minded people get together is a gathering, right? Meeting new people at the variety of gatherings available can be quite a thrill. There are a ton of benefits of gatherings too, like being able to actively pursue your hobby while meeting great people.

쓰기 ★ 준비해 봐요!

💡 **여러분이 해 본 모임을 써 보세요.**

예 동창회 / 와인 테이스팅 모임 / 등산 모임

1.

2.

3.

4.

5.

🐵 표현 ★ 한 조각

A/V-(으)ㄹ 뿐만 아니라: 앞의 말의 내용에 뒤의 말의 내용까지 더해질 때 사용한다.

An expression used to indicate that not only what is being said, but also what comes after it is also happening.

예문
- 비가 올 <u>뿐만 아니라</u> 바람도 심하게 불어요.
- 그 사람은 얼굴이 예쁠 <u>뿐만 아니라</u> 성격도 좋아서 인기가 많아요.

🧩 한 줄 쓰기 ★ 두 조각

1. 사람들과 어떤 모임을 자주 해요?

   What kind of gatherings do you usually have with people?

   이렇게 써 봐요!

   저는 등산 동호회에 자주 가요.

2. 그 모임에 가면 뭐가 좋아요?

   What is good about going to those meetings?

   이렇게 써 봐요!

   동호회에 가면 취미 활동도 같이 할 수 있을 뿐만 아니라 여러 사람들과 친해질 수 있어서 좋아요.

3. 참여하고 싶은 모임이 있어요?

   Is there any group you want to join?

   ---

4. 만들고 싶은 모임이 있어요?

   Is there any group you want to start?

   이렇게 써 봐요!

   우리 동네에 살고 있는 동갑 친구들의 모임을 만들고 싶어요.

 일기 쓰기 ★ 세 조각   **DAY 30**   월 일

✏️ **모임을 좋아해요? – 어떤 모임에 자주 가요?**

앞의 질문을 떠올리며 써 보세요. 너무 어렵다면 아래에 있는 선생님의 예시 글을 따라 써도 좋아요!

✔️ 한국어 한 조각 선생님은 이렇게 썼어요.

이 선생님

저는 대학원 동기들과 정기적으로 만나는 모임을 갖고 있어요. 학교를 졸업하고 각자 일을 하게 되면 더 만나기 어렵기 때문에 아예 졸업할 때 "우리 1년에 2번은 꼭 만나자."라고 약속을 했어요. 사회생활을 하다 보면 친구를 사귀거나 친목을 유지하기가 어려운데 저는 정말 운이 좋게도 좋은 친구를 많이 사귀어서 기뻐요. 저희는 직업도 비슷해서 서로에게 도움을 줄 뿐만 아니라 직업에 대한 고민도 나눌 수 있어요.

★ 〈부록〉에서 한국어 한 조각 선생님이 쓴 다른 글도 살펴볼까요?

 단어 모아보기

동기 someone in the same grade as you   정기적 periodic

아예 totally, completely   친목 friendship   유지하다 to maintain

더 알아보기 ★ 한 조각 더

🔍 한국의 모임

여러분 나라에서는 언제, 어떤 모임을 해요? 한국에서는 아래와 같은 모임을 즐겨해요. 한국 사람들이 자주 가지는 모임을 소개할게요.

1. 동창회

   같은 학교를 졸업한 친구들끼리 모여요. 보통 1년에 한 번 또는 몇 년에 한 번씩 모이는데 경조사가 있을 때 회비를 걷어서 서로 도와주기도 해요.

2. 송년회

   한 해가 끝날 때 친구나 지인, 또는 직장 동료들이 모여서 식사를 해요. 송년회에 서는 한 해 동안 고마웠던 사람들에게 감사 인사도 전할 수 있어요.

3. 송별회

   친한 친구나 직장 동료가 고향이나 학교, 회사 등을 떠날 때 아쉬움을 달래고 잘 지내라는 마지막 인사를 하기 위해 모여요. 떠나는 사람은 그동안 감사했던 마음 을 표현할 수 있는 기회이기도 해요.

4. 동호회나 동아리

   같은 취미를 가진 사람들이 모여서 활동을 해요. 물론 활동 후에 같이 커피를 마 시거나 밥을 먹기도 하죠. 보통 학교에서 생긴 모임은 동아리라고 하고 그 외는 동호회라고 해요.

5. 회식

   회사 일이 끝나고 회사 사람들과 같이 저녁을 먹거나 술을 마셔요. 회식을 통해서 회사 사람들끼리 단합할 수 있고, 회사에서 하지 못했던 이야기를 편한 분위기에 서 할 수도 있어요. 요즘 회식은 술자리 말고도 함께 점심을 먹거나 영화 및 공연 관람 등 문화생활을 같이 하기도 해요.

💡 한국의 모임 앱(app)

새로운 취미 활동을 시작해 보고 싶은데, 혼자서는 용기가 안 나고 다른 사람들과 함께 하면 좋을 것 같을 때가 있어요. 그럴 때 다른 사람들을 어디서 찾으면 좋을까요? 요즘 한국에는 모임을 위한 앱(app)들이 많이 있어요. 여러분도 한국 사람들과 함께 모임을 가지고 싶다면 아래의 앱은 어떤가요?

1. 프립(Frip)

다양한 소모임이나 원데이 클래스 등을 찾아볼 수 있어요. 지역별, 관심사별로 나누어져 있어서 내가 원하는 모임을 찾기 편해요. 보통 참가비가 있으니까 미리 확인해 보세요(누적 다운로드 수 50만 명, 2023년 기준).

2. 당근마켓

중고 거래 앱으로 시작되었지만 점차 확장되어 '동네 모임' 카테고리가 생겨서 동네 사람들끼리 모일 수도 있어요. 이 선생님도 독서 모임을 여기에서 찾았다고 해요(누적 가입자 수 3,000만 명, 2022년 기준).

3. 문토(Munto)

지역별, 관심사별로 모임을 찾을 수 있어요. 같은 취미를 가진 사람들과 모임을 가질 수도 있고 원데이 클래스나 투어, 캠핑 등 다양한 프로그램을 즐길 수도 있어요(누적 가입자 수 52만 명, 2023년 기준).

4. 우트(Woot)

정기적인 모임 외에 하루만 만나서 함께 취미 활동이나 스터디 등을 하는 모임도 찾을 수가 있어요. 또 지금 내가 있는 곳을 기준으로 근처에서 열리는 모임도 바로 보여 줘요(누적 다운로드 수 10만 명, 2023년 기준).

5. 소모임

친목과 사교를 위한 '번개(미리 계획하지 않고 갑자기 만남)' 모임이 많고, 스터디 모임을 할 수도 있어요(누적 다운로드 수 300만 명, 2020년 기준).

부록

한국어 한 조각 선생님의 예시 글 더 보기

❶ 성격 **나의 성격은 어때요?** p.6

🅥 **한국어 한 조각 선생님은 이렇게 썼어요.**

이 선생님

저는 활발하다는 말을 자주 들어요. 처음 만난 사람과도 쉽게 친해져서 그런 것 같아요. 그래서 저는 새로운 사람을 만나거나 새로운 일에 도전하는 것을 즐기는 편이에요. 그리고 모임에서 새로운 친구를 사귀는 것도 재미있어요. 일을 할 때도 다른 사람에게 제 생각을 적극적으로 표현하곤 해요.

✈ **단어 모아보기**

친해지다 to get close to someone   도전하다 to challenge oneself
즐기다 to enjoy something   모임 a gathering   표현하다 to express oneself

❷ 친구 **'절친(best friend)'이 있어요?** p.11

🅥 **한국어 한 조각 선생님은 이렇게 썼어요.**

현 선생님

저의 절친은 고등학교 친구예요. 저는 고등학교 때 이사를 하면서 학교를 옮기게 되었어요. 처음 학교에 간 날 친구가 없어서 외로웠는데 지금의 절친인 친구가 먼저 저에게 다가와서 말을 걸어 주었어요. 그렇게 우리는 친구가 되었어요. 친구와 저는 노는 걸 좋아해 공부에 소홀해져서 선생님께 **혼난 적도 있어요.** 이제는 어른이 되고 바빠지면서 자주 만나지는 못하지만 만나면 항상 고등학교 때 쌓았던 추억을 같이 나누곤 해요. 저는 제 친구를 만나면 마치 고등학교 때로 돌아간 것 같은 느낌이 들어서 정말 좋아요.

 단어 모아보기

옮기다 to move   외롭다 to be lonely   혼나다 to scold   쌓다 to accumulate

❸ 어린 시절　**어렸을 때, 나는 어떤 사람이었어요?**　　　p.16

Ⓥ 한국어 한 조각 선생님은 이렇게 썼어요.

이 선생님

저는 예전이나 지금이나 바른 학생이었어요. 어렸을 때 일찍 들어오라
는 부모님 말씀에 놀이터에서 놀다가도 일찍 집에 들어갔고, 또 숙제도
빼먹지 않고 잘할 정도로 부모님과 선생님의 말씀을 잘 들었어요. 그리
고 동네 친구들과도 잘 놀 정도로 활발했어요. 동네 친구들과 '무궁화
꽃이 피었습니다'라는 놀이를 자주 **했던** 기억이 있어요. 그리고 그때 저
보다 나이가 많은 언니가 한 명 있었는데, 그 언니하고 가장 친하게 **놀았**
던 기억도 있네요.

✈ **단어 모아보기**

바르다 be upright　빼먹다 to miss　동네 a neighborhood

---

❹ 사건　**내 인생에서 잊지 못할 사건이 있어요?**　　　p.21

Ⓥ 한국어 한 조각 선생님은 이렇게 썼어요.

현 선생님

제 인생에서 잊지 못할 사건은 대학 시절에 유럽 여행을 갔을 때의 일이
에요. 기차에 가방을 놓고 내리는 바람에 그 안에 있던 중요한 물건을
모두 **잃어버리고 말았어요.** 낯선 곳에서 말도 통하지 않아서 어떻게 해
야 할지 몰랐어요. 그런데 그때 마침 지나가던 한국인 부부가 저를 도
와주셨어요. 통역도 해 주시고 대사관에도 데려다 주셔서 잘 해결할 수
있었어요. 언젠가 다시 만나면 꼭 감사하다는 말씀을 드리고 싶어요.

✈ **단어 모아보기**

놓고 내리다 to leave behind　중요한 important　낯설다 unfamiliar
말이 통하다 to speak the same language　마침 right on cue
통역 an interpretation (as in translate)　해결하다 to resolve

❶ 휴일 일요일 오후를 어떻게 보내요? p.30

 한국어 한 조각 선생님은 이렇게 썼어요.

이 선생님

저는 주말이라고 늦잠을 자면 그날 하루가 다 사라지는 것 같아서 일요일 오후에는 요가를 하곤 해요. 요가로 몸을 움직이고 나면 정말 시원하기도 하고 왠지 하루를 보람차게 잘 보내고 있는 것 같아서 기분이 좋아져요. 또 가끔은 집 근처 북 카페에 가서 커피를 한잔 마시거나 한강 공원에 가서 산책을 하기도 해요.

✈️ **단어 모아보기**

사라지다 to vanish   움직이다 to move   시원하다 to feel invigorated
보람차다 to feel a sense of accomplishment and deeper meaning

❷ 취미 취미가 뭐예요? p.35

 한국어 한 조각 선생님은 이렇게 썼어요.

현 선생님

저는 요즘 시간이 있을 때마다 산이나 바다로 캠핑을 가요. 캠핑을 하면 도시에서는 볼 수 없는 아름다운 자연을 느낄 수 있어요. 조용한 산과 시원한 바다에서 맛있는 음식을 먹으면 스트레스도 풀려요. 답답한 도시를 벗어나 자연 속에서 스트레스를 풀고 싶은 사람에게 캠핑을 추천해요!

 단어 모아보기

자연 nature   느끼다 to feel   스트레스를 풀다 to relieve stress   답답하다 stifling
벗어나다 to go away from

❸ 휴가 **100만 원과 하루의 휴가가 주어진다면 뭘 하고 싶어요?** p.40

☑ 한국어 한 조각 선생님은 이렇게 썼어요.

이 선생님

저는 돈과 시간이 생기면 '하와이'에 가고 싶어요. 사실 한국에서 하와 이는 하루 만에 다녀 올 수 없거든요. 하지만! 하와이에서의 하루를 상 상해 봤어요. 하와이는 관광지라서 어디를 가도 풍경이 아주 예쁘지만 무엇이든지 비싸다고 들었거든요. 그래서 이 돈으로 하와이 고급 호텔 에 묵을 거예요. 그리고 아침에는 맛있는 조식 뷔페를 먹고 오후에는 해변에 갈 거예요. 해변에 누워 바다도 보고, 책도 읽고, 맛있는 칵테일 도 마시고 싶어요.

✈ **단어 모아보기**

만(에) be used to express a limited amount of time   상상하다 to imagine
무엇이든지 anything   고급 high-quality   묵다 to stay   조식 뷔페 a breakfast buffet
해변 the beach

❹ 드라마 **내가 생각하는 최고의 드라마는 뭐예요?**   p.45

☑ 한국어 한 조각 선생님은 이렇게 썼어요.

현 선생님

제가 생각하는 최고의 드라마는 '멜로가 체질'이라는 드라마예요. 이 드라마가 처음 방영됐을 때는 시청률이 그렇게 높지 않았지만 점점 사 람들의 입소문을 타면서 인기가 많아졌어요. 이 드라마는 3명의 주인공 들이 여러 고민과 문제에 대해 서로 위로하며 성장하는 이야기예요. 저 도 주인공들과 비슷한 나이라서 공감이 많이 됐어요. 또 이 드라마는 명대사가 많은데 그중에서 제가 뽑은 최고의 명대사는 이거예요! "그때 우린 그때의 시간 속에서 최선을 다 한 거야. 지난 시간은 그냥 두자, 자연스럽게."

 단어 모아보기

방영되다 to air (as in media)   입소문을 타다 to spread by word of mouth
위로하다 to comfort   성장하다 to develop   공감 sympathy

❺ 영화 **영화 속으로 들어갈 수 있다면 얼마나 좋을까요?** p.50

✔️ 한국어 한 조각 선생님은 이렇게 썼어요.

이 선생님

저는 '부산행'이라는 영화를 10번은 넘게 본 것 같아요. 한번 보기 시작하면 눈을 뗄 수 없을 정도로 흥미진진한 영화예요. 세상에 진짜 좀비는 없지만 '내가 그 영화 속으로 들어간다면 어떻게 될까? 나도 좀비가 되었을까?'라고 상상은 많이 해 봤어요. 만약 제가 그 영화 속으로 들어간다면 일단 저는 좀비가 되기 전까지는 열심히 좀비와 싸울 거예요.

 단어 모아보기

눈을 뗄 수 없다 be unable to take one's eyes off, be glued to
흥미진진 compelling, absorbing   일단 first

❶ 여행 전 **여행을 떠나자!** p.58

⊘ 한국어 한 조각 선생님은 이렇게 썼어요.

현 선생님

저는 여행을 떠난다면 휴양지로 떠나고 싶어요. 관광객들로 복잡한 유명한 관광지보다는 사람들이 잘 모르는 곳에 가는 걸 선호해요. 자연이 아름답고 한적한 곳에서 산책을 하고 나서 푹 쉬고 싶어요. 또 오랫동안 그곳에 머물면서 그곳의 사람들이 어떻게 사는지도 보고 싶어요. 계획하지 않고 마음이 가는 대로 하고 싶은 것을 할 거예요.

✈ **단어 모아보기**

휴양지 a resort 관광객 a tourist 한적하다 quiet 머물다 to stay temporarily

❷ 여행 중 **금강산도 식후경** p.63

⊘ 한국어 한 조각 선생님은 이렇게 썼어요.

이 선생님

저는 숙소에 도착하면 가방만 두고 바로 나가요. 그리고 여행 첫날 그 도시의 야경을 보러 높은 곳에 올라가요. 한눈에 들어오는 도시의 풍경을 보고 있으면 기분이 좋아져요. 마치 제가 그 도시 사람이 된 것 같은 느낌도 들고요. 그리고 기념품 가게에도 들러서 저를 위한 기념품을 사요. 저를 위한 기념품은 특별히 고민해서 고르는데 아무리 비싸도 마음에 드는 것이 있으면 꼭 사는 편이에요. 나중에 돌아와서 후회하면 안 되잖아요?

✈ **단어 모아보기**

숙소 accommodations 야경 a nightscape 풍경 the scenery
느낌이 들다 to have a feeling

❸ 여행 후　서울에서의 일주일

p.68

▽ 한국어 한 조각 선생님은 이렇게 썼어요.

현 선생님

제일 기억에 남는 여행지는 이탈리아의 '베네치아'예요. 베네치아는 도시가 바다 위에 있는데 배를 타고 돌아다니는 게 정말 신기했어요. 또 골목마다 알록달록한 건물들도 너무 아름다웠어요. 좁은 골목이 많아 길을 잃어버려서 고생하기도 했지만 지금은 모두 좋은 추억으로 남아 있어요. 만약 다시 이탈리아에 가게 된다면 그때는 골목을 돌아다니면서 숨겨진 맛집을 찾아 다니고 싶어요.

✈ 단어 모아보기

신기하다 a feeling of surprise and excitement
알록달록하다 something colorful with bright patterns　골목 an alleyway

❹ 여행지　우리나라에서 이것만은 꼭!

p.73

▽ 한국어 한 조각 선생님은 이렇게 썼어요.

현 선생님

한국에서 제일 추천하고 싶은 여행지는 '강릉'이에요. 강릉이야말로 아름다운 바다를 볼 수 있는 곳이에요. 강릉은 사계절이 아름다워서 여름에 가도 좋고 겨울에 가도 좋아요. 계절마다 다른 분위기를 느낄 수 있어요. 그리고 바닷가 앞에 카페 거리가 있는데 분위기 좋은 카페가 정말 많아요. 또 싱싱한 해산물도 먹을 수 있는데 특히 생선회와 물회를 꼭 먹어 보세요.

✈ 단어 모아보기

분위기 the atmosphere　카페 거리 a street lined with cafes　싱싱하다 fresh
해산물 seafood　생선회 slices of raw fish　물회 slices of raw fish atop a soup

❶ 물건   가방 안에 뭐가 있어요?   p.82

🅥 한국어 한 조각 선생님은 이렇게 썼어요.

현 선생님

저는 가방 안에 초콜릿이나 과자 같은 간식을 항상 들고 다녀요. 단 걸 좋아해서 입이 심심할 때마다 꺼내서 먹어요. 또 저는 지갑을 항상 가지고 다니는데 지갑 안에는 할머니와 할아버지의 사진이 들어 있어요. 할머니와 할아버지의 사진은 제가 제일 소중하게 생각하는 물건이에요. 지금은 두 분 모두 돌아가셔서 만날 수 없기 때문에 지갑 안에 있는 사진을 보면서 할머니와 할아버지를 자주 생각해요. 일하다가 힘들 때 사진을 꺼내 보면 힘이 나요!

✈ **단어 모아보기**

간식 a snack   입이 심심하다 to feel peckish   꺼내다 to take out

힘이 나다 to cheer up

❷ 쇼핑   쇼핑 한 바퀴 돌아볼까요?   p.87

🅥 한국어 한 조각 선생님은 이렇게 썼어요.

이 선생님

저는 주로 온라인에서 물건을 사요. 요즘은 마트에 가지 않아도 인터넷으로 장도 볼 수 있고, 옷이나 전자 제품도 살 수 있으니까요. 또 온라인은 가게에서 사는 것보다 가격이 저렴해 가지고 좋고, 다양한 종류의 물건을 한 번에 살 수 있어서 편리해요. 그리고 요즘엔 당일 배송 등 바로 배송해 주는 쇼핑몰도 많아서 온라인 마켓을 자주 이용하고 있어요.

 단어 모아보기

전자 제품 electronics   종류 a type   배송 a delivery

❸ 선물 선물을 좋아해요?

p.92

Ⓥ 한국어 한 조각 선생님은 이렇게 썼어요.

현 선생님

저는 특별한 날이 아니더라도 선물하는 것을 좋아해요. 특별한 날에 선물을 하는 것도 좋지만 특별하지 않은 날에 선물하는 것은 더 의미가 있는 것 같아요. 꼭 비싼 선물이 아니더라도 친구를 만나러 가는 길에 작은 선물을 사서 주면 행복해 하는 친구의 모습에 제 기분도 좋아져요. 이번 주에 친구와 약속이 있는데 그 친구에게는 시집을 선물하려고 해요. 친구가 선물을 받고 **기뻐**하면 좋겠어요!

✈ 단어 모아보기

특별하다 special   의미가 있다 meaningful   시집 a collection of poems

❹ 축하 친구야, 축하해!

p.97

Ⓥ 한국어 한 조각 선생님은 이렇게 썼어요.

이 선생님

얼마 전에 친구가 결혼했어요. 그래서 두 사람이 앞으로 행복하게 살면서 저를 오래 기억할 수 있도록 신혼집에서 계속 사용할 수 있는 물건으로 커피 머신을 선물로 줬어요. 제가 예전부터 갖고 싶었던 커피 머신인데 디자인도 예쁜 데다가 커피 맛도 아주 좋대요. 둘 다 직장인이라 아침마다 **바쁠** 테니까 맛있는 커피를 마시며 기분 좋게 출근하면 좋겠어요. 친구야, 결혼 축하하고 오래오래 행복하게 잘 살아.

단어 모아보기

결혼하다 to get married   커피 머신 a coffee machine   직장인 an office worker
출근하다 to go to work

❶ 기쁨 최고의 행운

p.106

🅥 한국어 한 조각 선생님은 이렇게 썼어요.

현 선생님

저는 제 조카가 태어났을 때 말로 표현할 수 **없을 정도로** 너무 기뻤어요. 조카가 태어났다는 소식을 들은 순간 심장이 두근거렸어요. 그때 하던 일을 멈추고 병원으로 바로 달려갔어요. 조카의 모습을 처음 봤을 때 너무 작아서 눈앞에 손바닥만한 이 아기가 내 조카라는 게 신기하고 믿기지 않았어요. 그 이후부터 매일 조카를 보러 언니 집으로 갔어요. 지금은 조카가 많이 자라서 자주 보지는 못하지만 조카를 사랑하는 마음은 그대로예요.

✈️ **단어 모아보기**

조카 a niece or nephew   소식 tidings   심장이 두근거리다 to feel one's heart pounding in their chest   믿기지 않다 to be in disbelief   자라다 to grow up

❷ 설렘 두근두근 내 마음

p.111

🅥 한국어 한 조각 선생님은 이렇게 썼어요.

이 선생님

제가 가장 설렜던 순간은 대학교 1학년이었을 때예요. 아무도 없는 강의실에서 혼자 공부를 하고 있었는데 키가 큰 사람이 한 명 들어왔어요. 당연히 선배님이라고 생각해서 인사를 하기 위해 고개를 들었는데 그 선배님이 너무 잘생겨서 **얼마나 놀랐는지 몰라요.** 그때 선배님께 첫눈에 반했어요. 아무 말도 못하고 있다가 겨우 "안녕하세요?"라고 인사를 했어요. 잠깐 시간이 멈춘 것 같았던 그때가 아직도 기억나요.

✈️ **단어 모아보기**

강의실 a lecture room   고개를 들다 to raise one's head
반하다 to fall for   선배님 an upperclassman   멈추다 to stop

❸ 슬픔 나의 슬픈 하루

p.116

Ⓥ 한국어 한 조각 선생님은 이렇게 썼어요.

현 선생님

저는 눈물이 많은 편이에요. 그래서 슬픈 영화나 드라마 때문에 울 때가 정말 많아요. 또는 친구가 눈물을 흘리면 따라서 울기도 해요. 저는 슬플 때 슬픔을 잊어버리려고 하지 않아요. 오히려 슬픔을 더 느끼려고 슬픈 노래를 듣거나 슬픈 영화를 보면서 울어요. 실컷 울고 나면 기분이 나아져요. 그리고 그때의 기분을 일기에 쓰면 시간이 지나고 다시 그 일기를 읽어 보았을 때 그 일이 큰일이 아니었다고 느낄 때가 많아요. 그래서 슬플 때 일기를 쓰는 습관도 정말 좋은 것 같아요.

✈ **단어 모아보기**

눈물을 흘리다 to shed tears   일기 a diary   큰일 a serious matter

❹ 걱정 나의 요즘 고민

p.121

Ⓥ 한국어 한 조각 선생님은 이렇게 썼어요.

이 선생님

제가 한국어 선생님이 된 이유 중 하나는 언젠가 외국에 살면서 한국어를 가르치고 싶기 때문이었어요. 그런데 이제 나이가 들고 지금의 생활에 익숙해지다 보니까 과연 외국에 나가서 살 수 있을지, 외국에서 오래 사는 것이 저에게 잘 맞을지 모르겠어요. 그래도 더 늦기 전에 도전해 보고 싶어서 요즘 계속 고민을 하고 있어요. 스스로 마음을 먹기 전까지는 누구에게도 말하고 싶지 않아서 아직 가족에게도 말하지 않았어요.

 단어 모아보기

언젠가 someday   과연 indeed
마음을 먹다 to make up one's mind and commit to doing something

⑤ 후회   **최악의 하루** p.126

ⓥ 한국어 한 조각 선생님은 이렇게 썼어요.

현 선생님

저는 지나간 일에 대해 후회를 잘 하지 않아요. 실수를 하거나 잘못된 선택이었다 하더라도 나중에 그 일들이 다른 데에서 도움이 되거든요. 하지만 후회가 되는 일을 하나 꼽으라면 대학교 때 다양한 경험을 해 보지 않았던 거예요. 학교에서 공부만 하느라 학교 바깥을 경험해 본 일이 별로 없어요. 아르바이트나 여행, 동아리 활동, 봉사활동 등 다양한 경험을 많이 해 볼걸 그랬어요. 만약 다시 대학생이 된다면 아르바이트도 하고 여행도 많이 다니면서 다양한 활동을 해 볼 거예요.

✈ **단어 모아보기**

도움이 되다 to be helpful   바깥 outside   아르바이트 a part-time job

PART 6 꿈과 미래

❶ 꿈 어렸을 때 뭐가 되고 싶었어요?

p.134

Ⓥ 한국어 한 조각 선생님은 이렇게 썼어요.

이 선생님

어렸을 때 제 꿈은 꽃집 주인이었어요. 그런데 점차 자라면서 나에 대해서 잘 알게 되고, 내가 하고 싶은 일이 무엇인지 찾아가는 과정을 거치면서 꿈이 달라졌어요. 지금 저는 학생들을 가르치는 일을 하고 있고, 이 일을 계속 유지하면서 행복하게 **살아야겠다는** 꿈이 있어요. 또 내가 행복해야 내 주변 사람들도 행복하게 해 줄 수 있다고 생각하기 때문에 지금 현재 저의 꿈과 행복이 가장 중요하다고 생각해요.

✈ 단어 모아보기

과정 a process   거치다 to go through   유지하다 to maintain   주변 surroundings

❷ 직업 돈과 워라밸(Work-life balance)

p.139

Ⓥ 한국어 한 조각 선생님은 이렇게 썼어요.

현 선생님

제가 직업을 선택할 때 가장 중요하게 생각하는 것은 돈이에요. 직업을 한번 선택하면 오랫동안 일을 해야 하는데 월급을 많이 받아야 열심히 일을 할 수 있을 것 같거든요. 그래서 일이 좀 **힘들더라도** 젊을 때 일에 시간을 많이 투자해서 많은 돈을 벌고 싶어요. 그리고 돈을 잘 모아서 나중에 새로운 일에 도전하거나 제가 하고 싶은 일을 하면서 살 거예요.

✈ 단어 모아보기

월급 monthly pay, salary   젊다 to be young   투자하다 to invest

❸ 목표 올해 나의 목표는 뭐예요? p.144

Ⓥ 한국어 한 조각 선생님은 이렇게 썼어요.

이 선생님

올해 저의 목표는 '습관을 만드는 것'이에요. 사실 올해의 목표와 작년의 목표가 같지만 다른 점이 있다면 작년에는 한 달에 책을 2권 이상 꾸준히 읽었는데 올해는 일주일에 한 권만 **읽기로 했어요.** 그리고 남은 한 해 동안 해 보고 싶은 또 다른 목표가 있는데, 바로 한라산에 올라가는 거예요. 나이가 더 들기 전에 한국에서 제일 높은 산에 올라가 보고 싶거든요.

✈ **단어 모아보기**

꾸준히 consistently   한 해 one year's time   한라산 Mt. Hallasan
나이가 들다 to get older

---

❹ 미래 버킷리스트(bucket list)가 있어요? p.149

Ⓥ 한국어 한 조각 선생님은 이렇게 썼어요.

현 선생님

저는 하고 싶은 일이 생기면 버킷리스트에 적어 놓고 그 일을 이룰 때마다 체크를 해요. 대단한 일이 아니더라도 버킷리스트를 하나씩 이루면 보람을 느끼고 기분이 좋아요. 특히 올해가 가기 전에 **스마트폰 없이 24시간 살기**를 꼭 실천해 보고 싶어요. 스마트폰을 보면서 불필요한 시간을 많이 보내는데 하루라도 스마트폰 없이 혼자만의 시간을 잘 보내고 싶어요.

 단어 모아보기

이루다 to achieve, to attain   대단하다 immense   실천하다 to put into practice
불필요하다 unnecessary

❶ 편지　지금 생각나는 사람에게 편지를 써 봐요!

p.158

Ⓥ **한국어 한 조각 선생님은 이렇게 썼어요.**

이 선생님

이지혜 선생님께, 안녕하세요? 오랜만에 연락을 드리네요. 선생님께서는 건강하게 잘 지내고 계시죠? 작년 스승의 날에도 인사를 못 드렸는데, 올해도 못 뵈어서 너무 아쉽더라고요. 그래서 이렇게 편지를 씁니다. 저는 서울에 올라온 이후로 열심히 일하면서 잘 지내고 있어요. 제가 학생이었을 때 선생님께서 문제집도 주시곤 하셨는데…. 선생님 덕분에 열심히 공부할 수 있었어요. 다음에는 꼭 직접 뵙고 인사드릴게요. 그럼 안녕히 계세요.

✈ **단어 모아보기**

스승의 날 teacher's day　뵈다 to see　문제집 a workbook for practice

❷ 초대　우리 집으로 가자!

p.163

Ⓥ **한국어 한 조각 선생님은 이렇게 썼어요.**

현 선생님

상상만 해 보는 건데, 역사적인 인물을 초대하고 싶어요. 바로 세종대왕을 초대할까 해요. 그래서 세종대왕께 한글을 만들어 주신 것에 대해서 감사하다고 말하고 싶어요. 초대를 했으니까 음식 준비를 해야겠지요? 세종대왕은 고기반찬을 무척 좋아하신다고 들었기 때문에 불고기를 준비할까 해요. 제가 요리를 잘하는 편은 아니지만 정성을 담아 요리할 거예요. 그리고 식사를 한 후에는 요즘 유행하는 신조어나 줄임말 게임을 하면 재미있을 것 같아요.

✈ **단어 모아보기**

인물 a figure　반찬 a side dish　정성 sincerity　신조어 a neologism
줄임말 an abbreviation

❸ 방문 | 초대해 줘서 고마워!

한국어 한 조각 선생님은 이렇게 썼어요.

이 선생님

외국에서 유학했을 때 유학생인 제가 크리스마스를 혼자 외롭게 보낼까 봐 외국인 친구가 자신의 집으로 초대해서 간 적이 있어요. 저는 집 근처에 있는 빵집에서 친구에게 줄 쿠키와 빵을 사서 갔어요. 친구는 가족과 함께 살았는데 부모님께서도 저를 반갑게 맞아주셨던 기억이 나요. 친구와 크리스마스 저녁을 함께 준비하면서 이야기도 많이 했어요. 사실 그때 처음 햄버그스테이크를 만들어 봤어요. 함께 음식을 만들면서 그 친구와 더 친해진 것 같아요.

단어 모아보기

유학생 an exchange student   맞아주다 to welcome
햄버그스테이크 a Hamburg steak

❹ 모임 | 모임을 좋아해요?

한국어 한 조각 선생님은 이렇게 썼어요.

현 선생님

저는 사람을 만나는 것을 좋아해서 모임을 자주 해요. 그중에서도 동호회 활동을 활발하게 하고 있어요. 등산 동호회에 나가 본 적이 있고 재테크 동호회에서 활동한 적도 있어요. 동호회 활동은 여러 사람들과 취미 활동을 같이 할 수 있을 뿐만 아니라 다양한 정보도 공유할 수 있어서 좋아요. 또 좋아하는 걸 하면서 스트레스를 풀 수 있어서 좋아요.

 단어 모아보기

활동 an activity   정보 information   공유하다 to share
스트레스를 풀다 to relieve stress

좋은 책을 만드는 길, 독자님과 함께 하겠습니다.

사각사각 매일 쓰는 한국어 일기 한 조각

초 판 발 행	2023년 07월 10일 (인쇄 2023년 05월 11일)
발 행 인	박영일
책 임 편 집	이해욱
저 자	이기연 · 이예현
편 집 진 행	구설희 · 곽주영
표지디자인	조혜령
편집디자인	최혜윤 · 채현주
발 행 처	(주)시대고시기획
출 판 등 록	제10-1521호
주 소	서울시 마포구 큰우물로 75 [도화동 538 성지 B/D] 9F
전 화	1600-3600
팩 스	02-701-8823
홈 페 이 지	www.sdedu.co.kr

I S B N	979-11-383-4579-8(13710)
정 가	17,000원